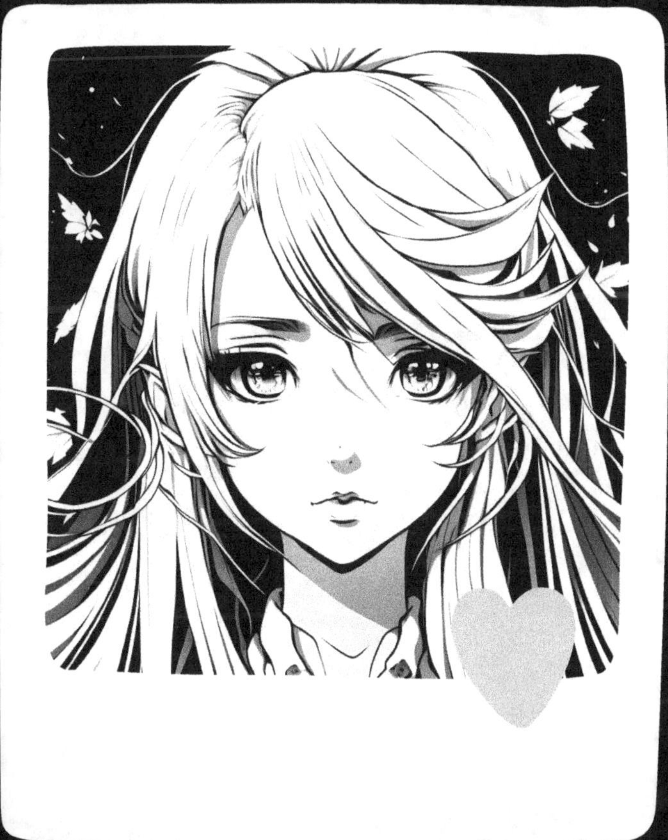

RUES DE TOKYO

CAPI CAMP
ESTUDIOS

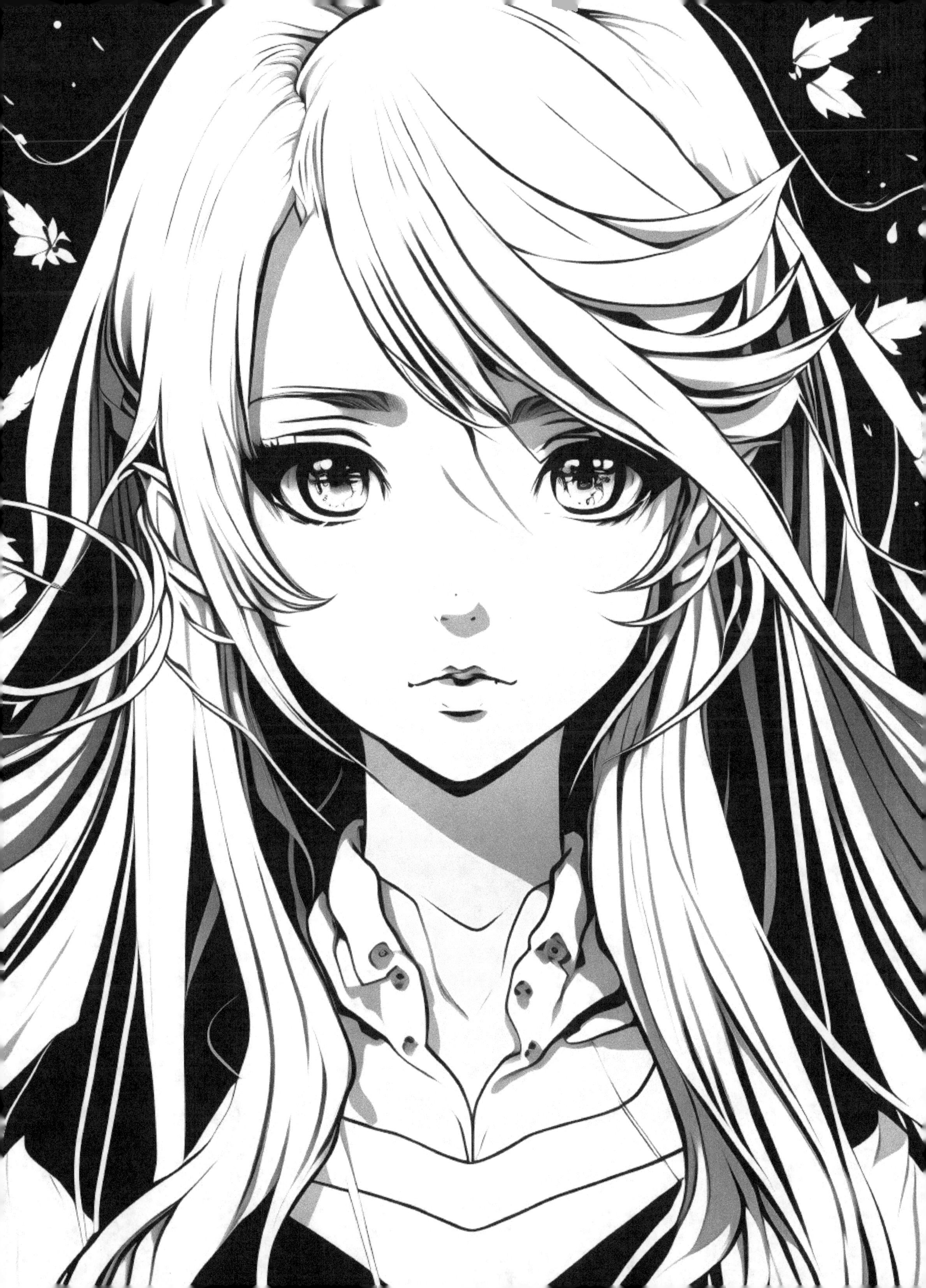

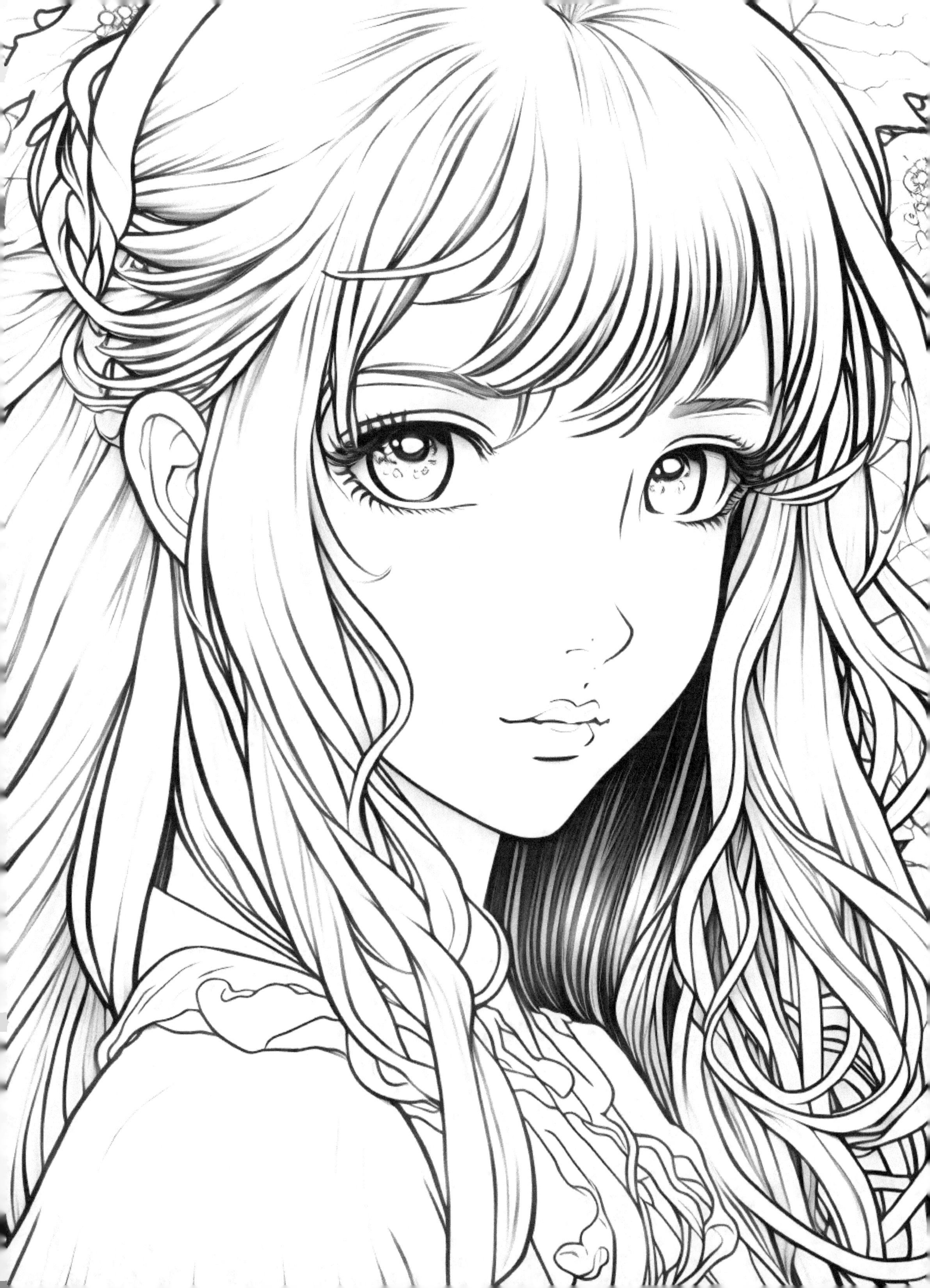

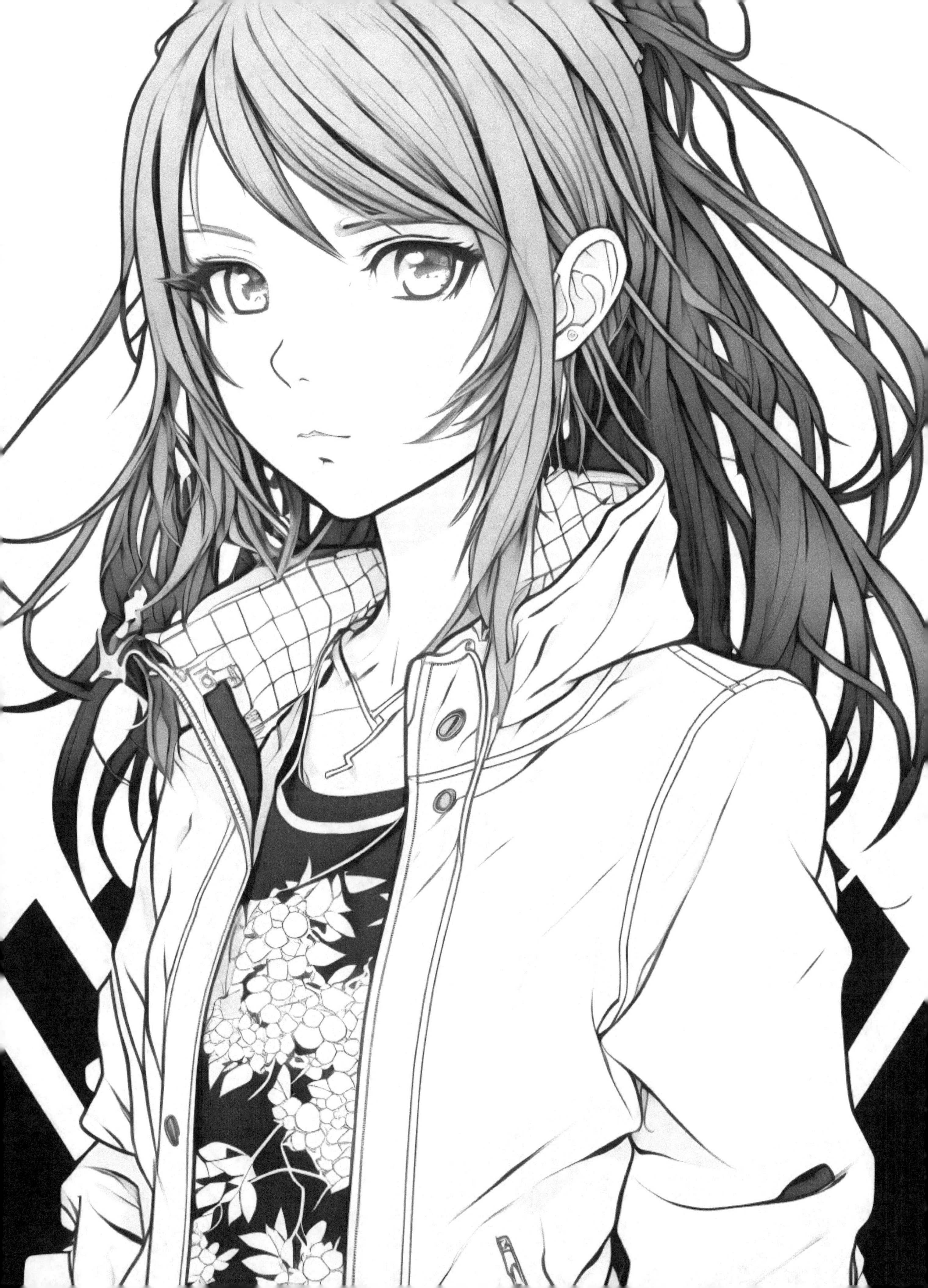

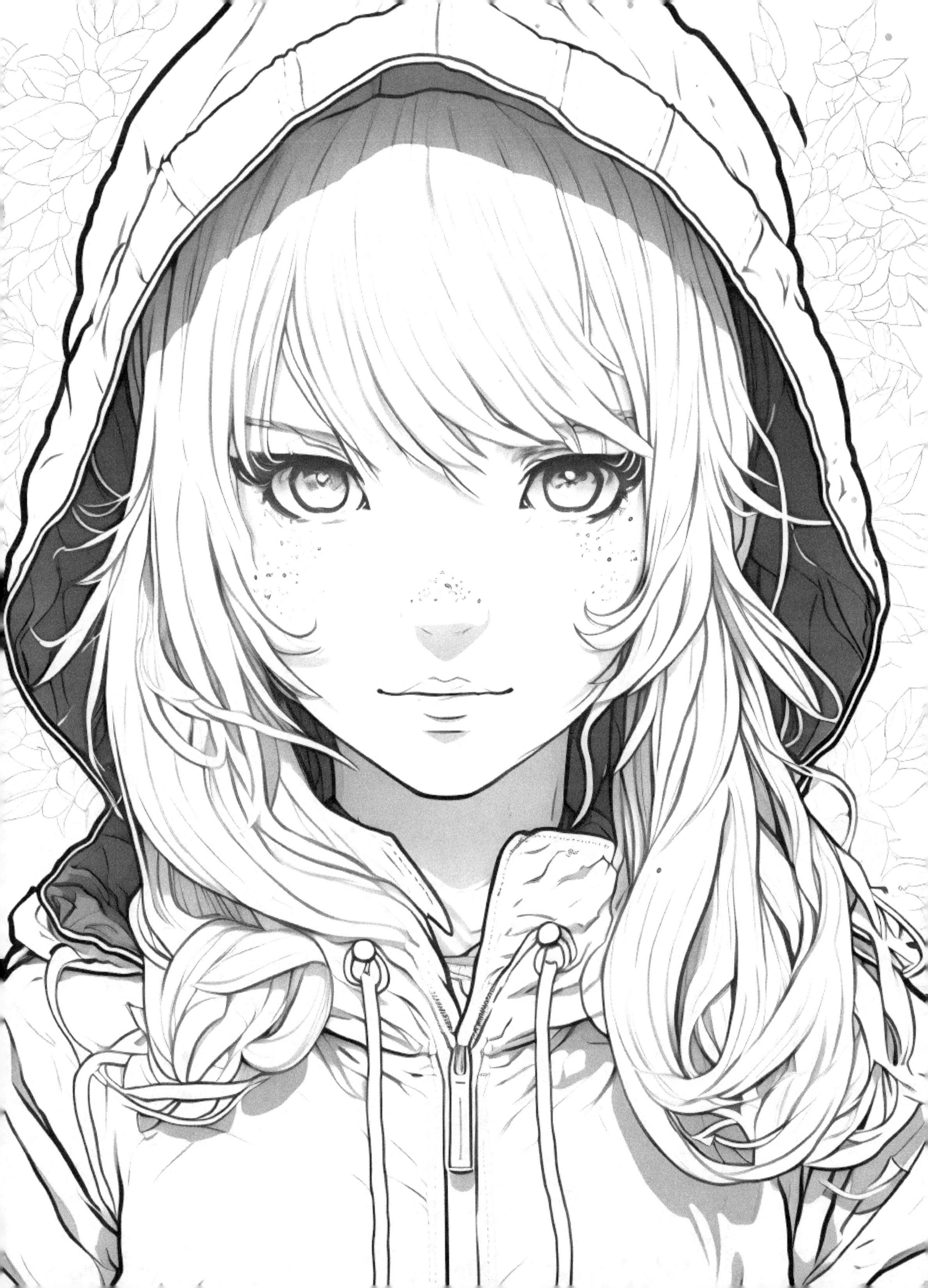

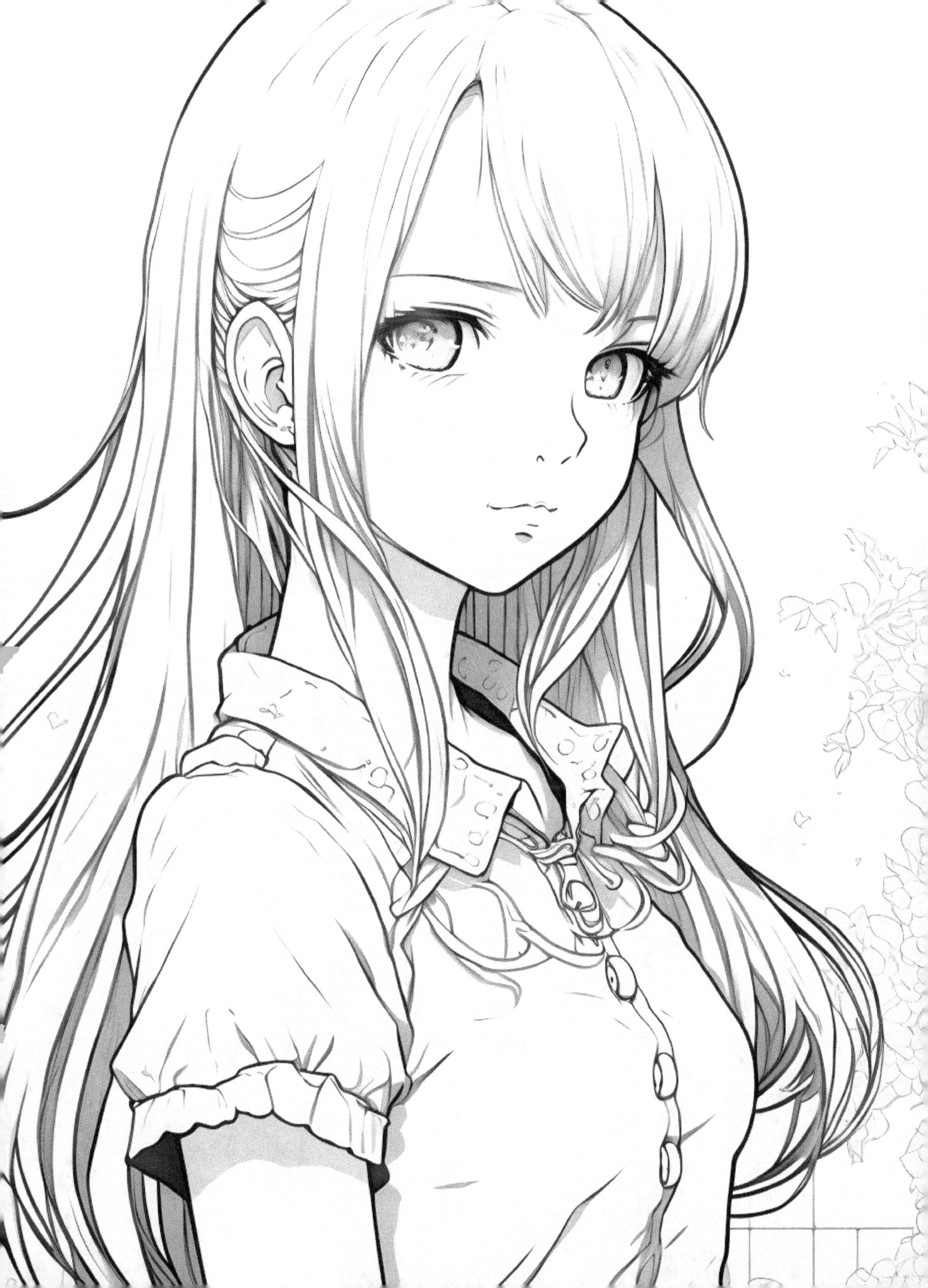

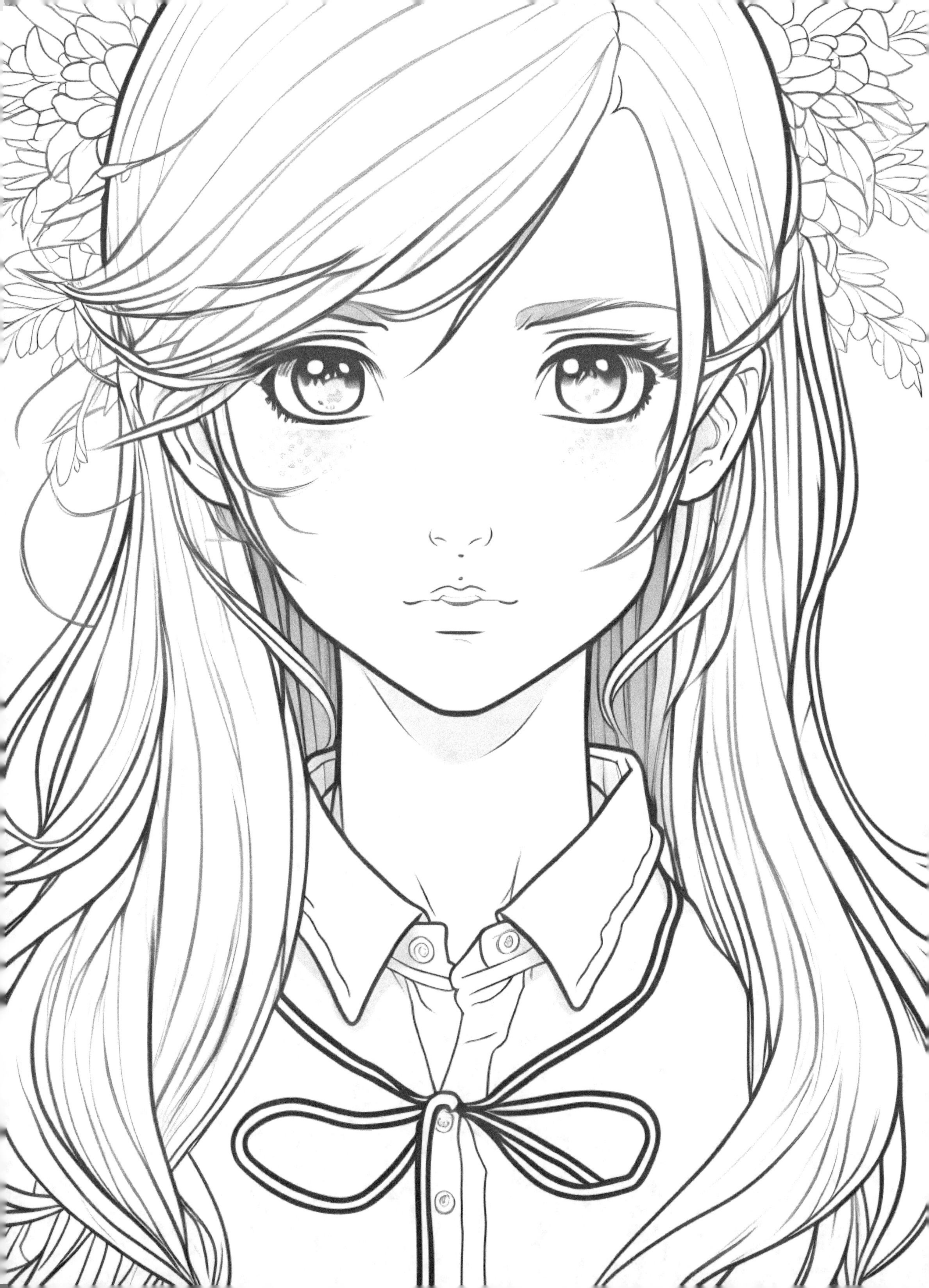

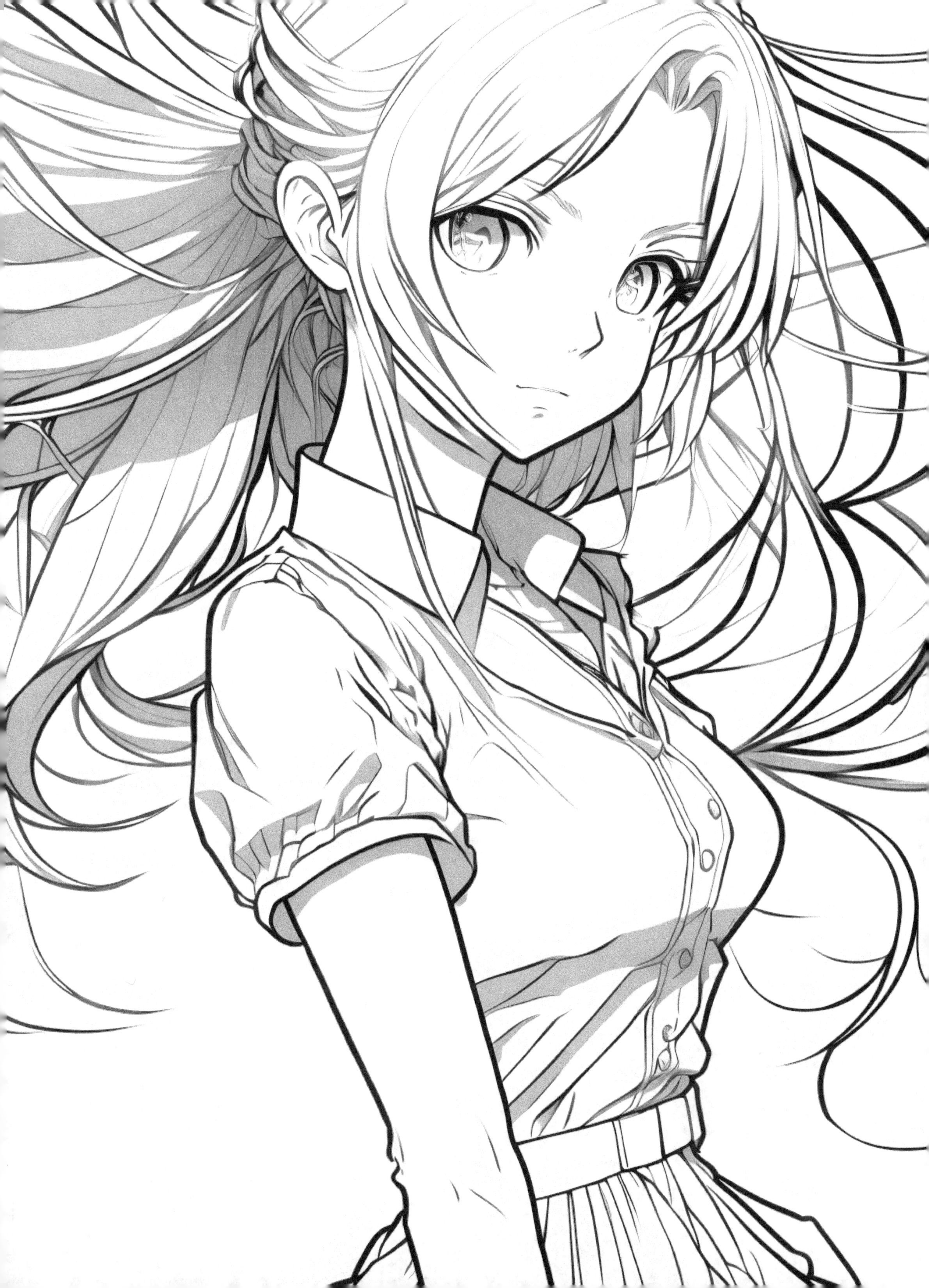

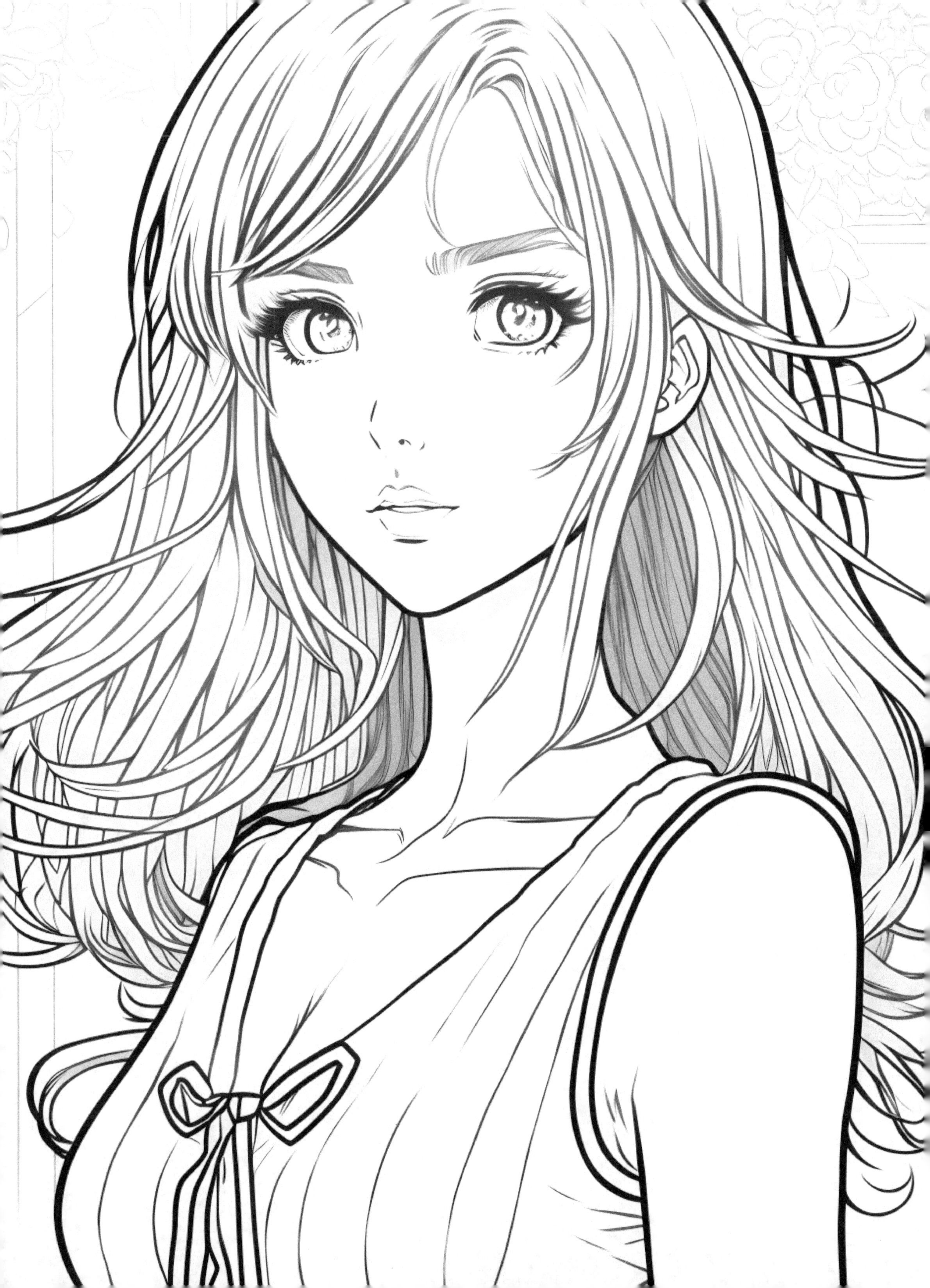

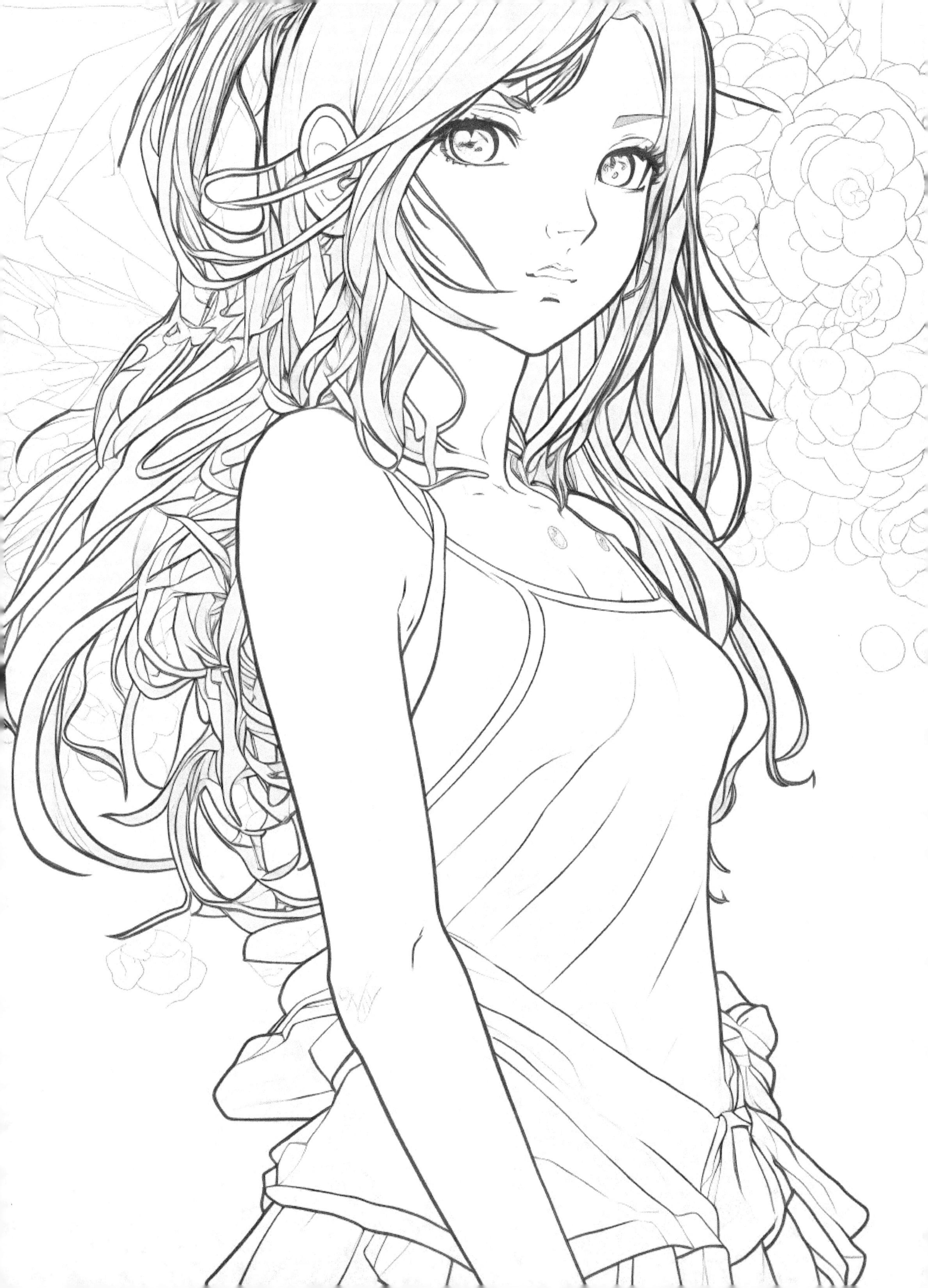

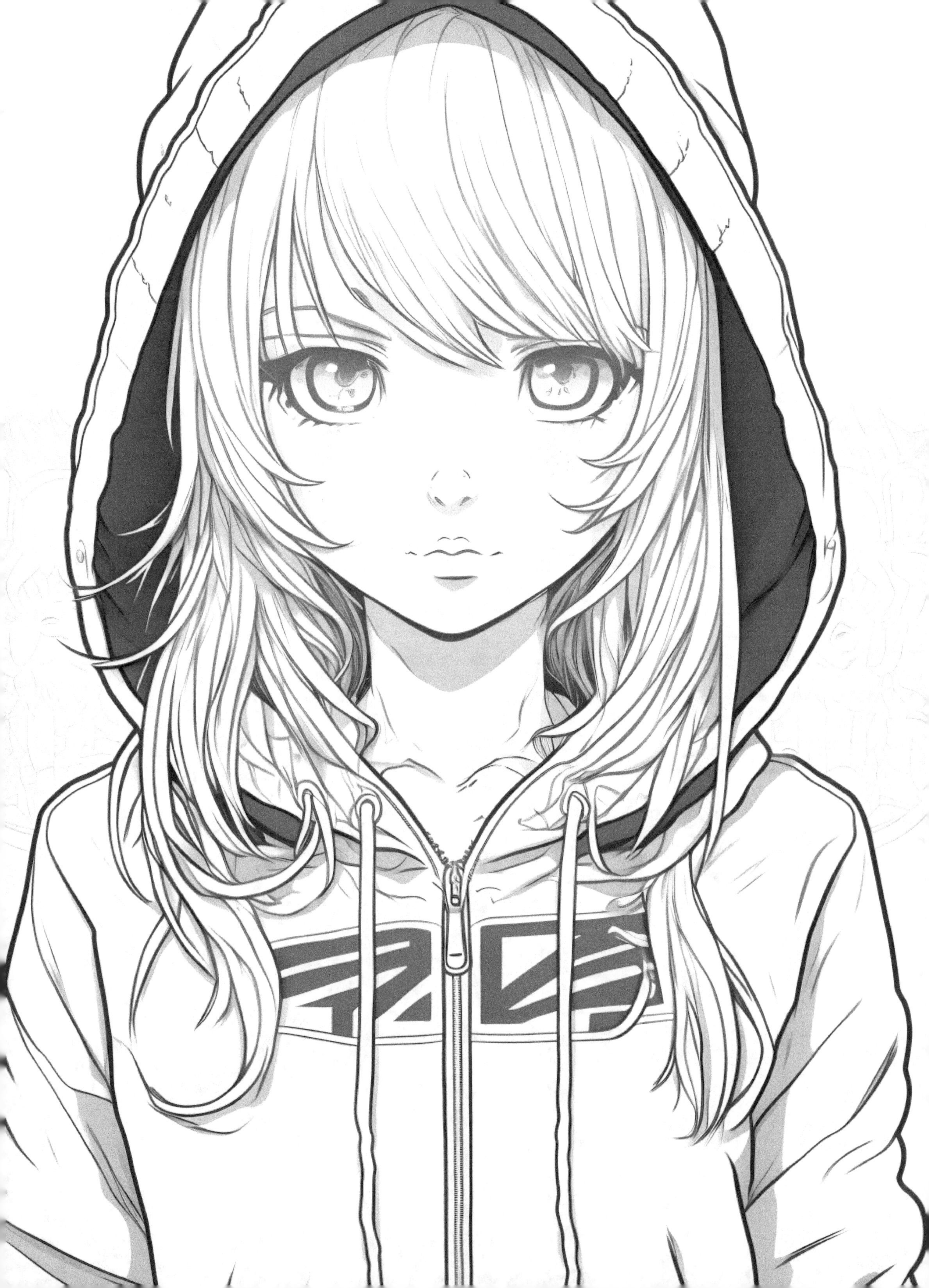

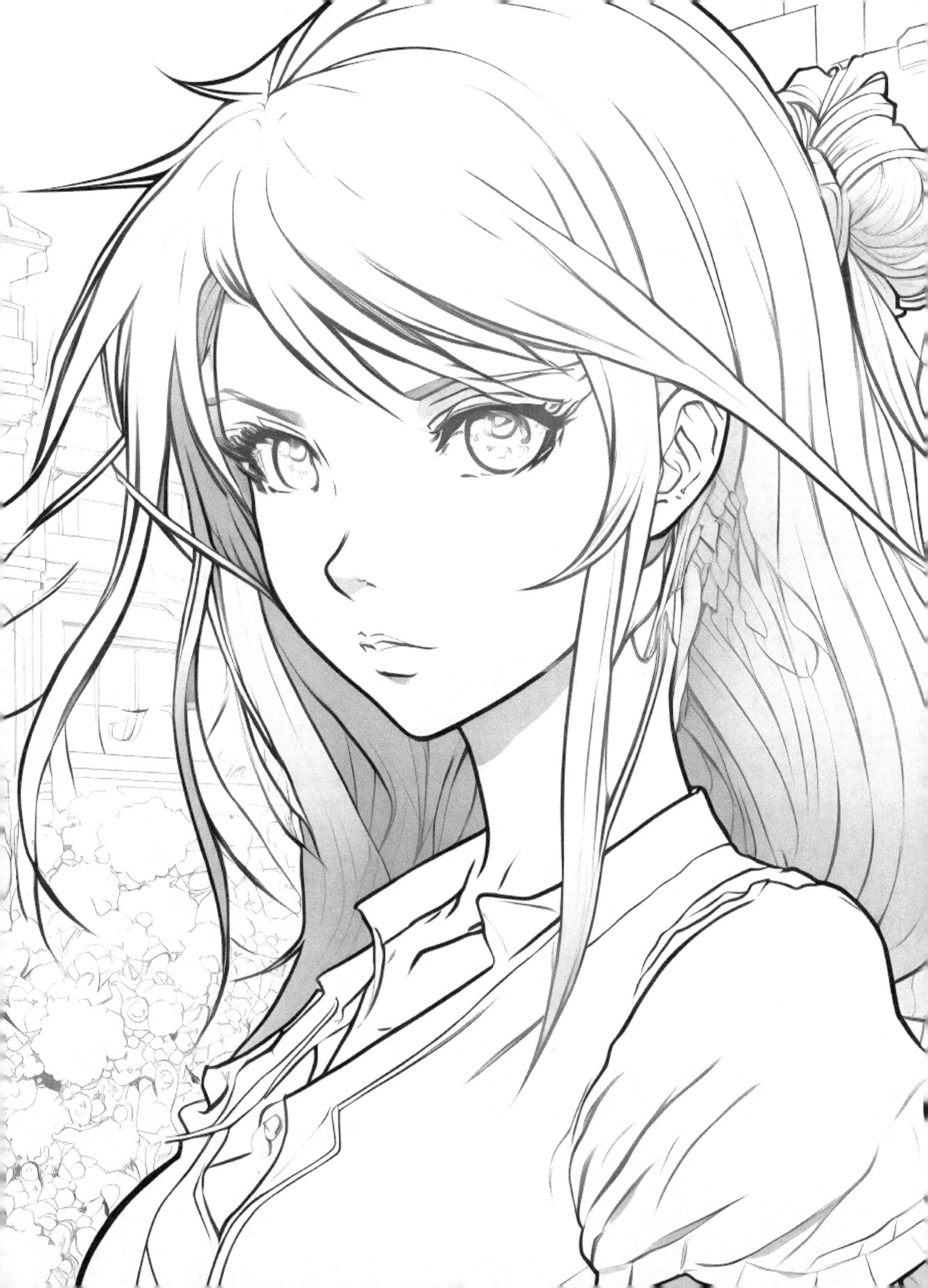

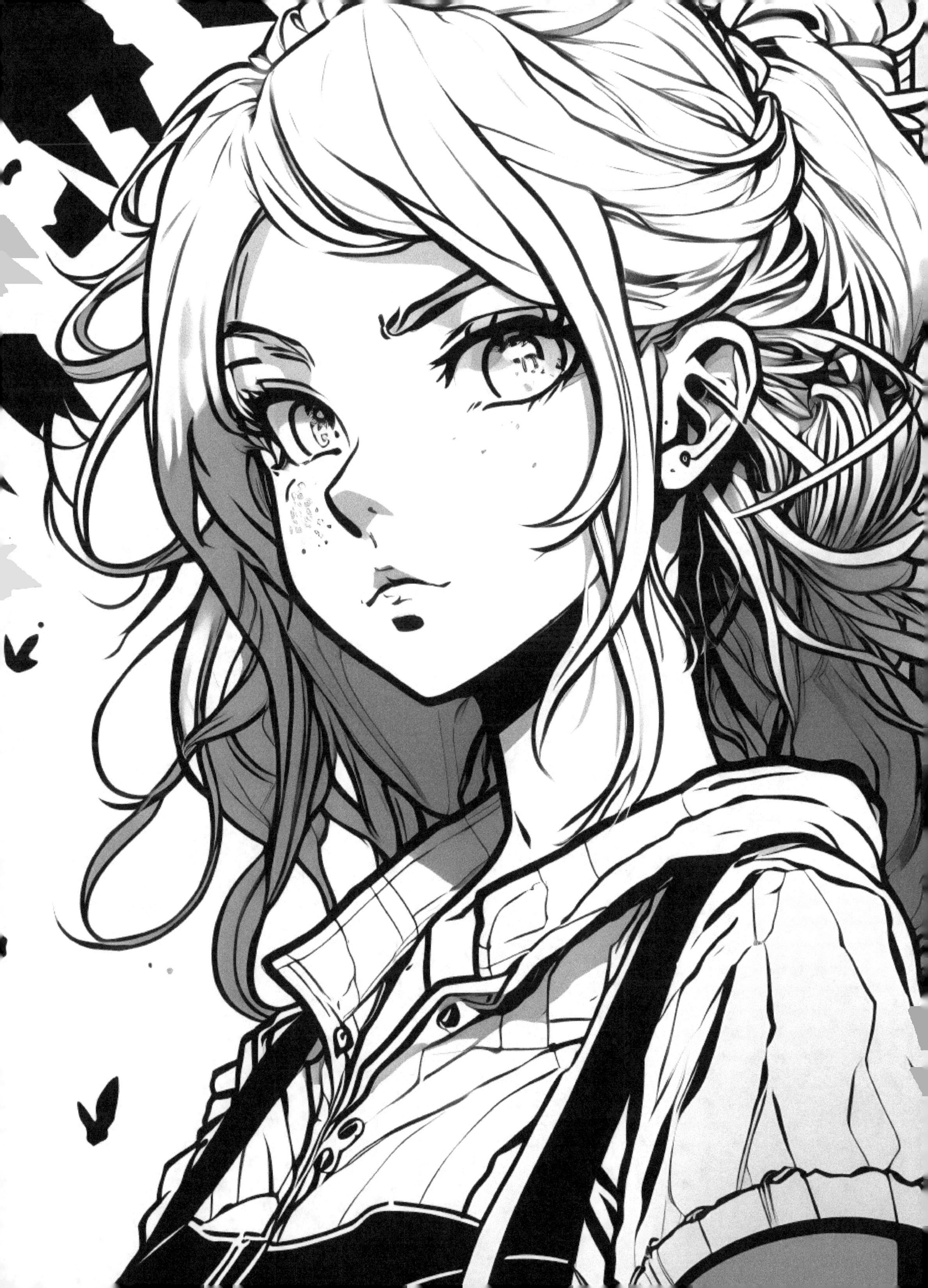

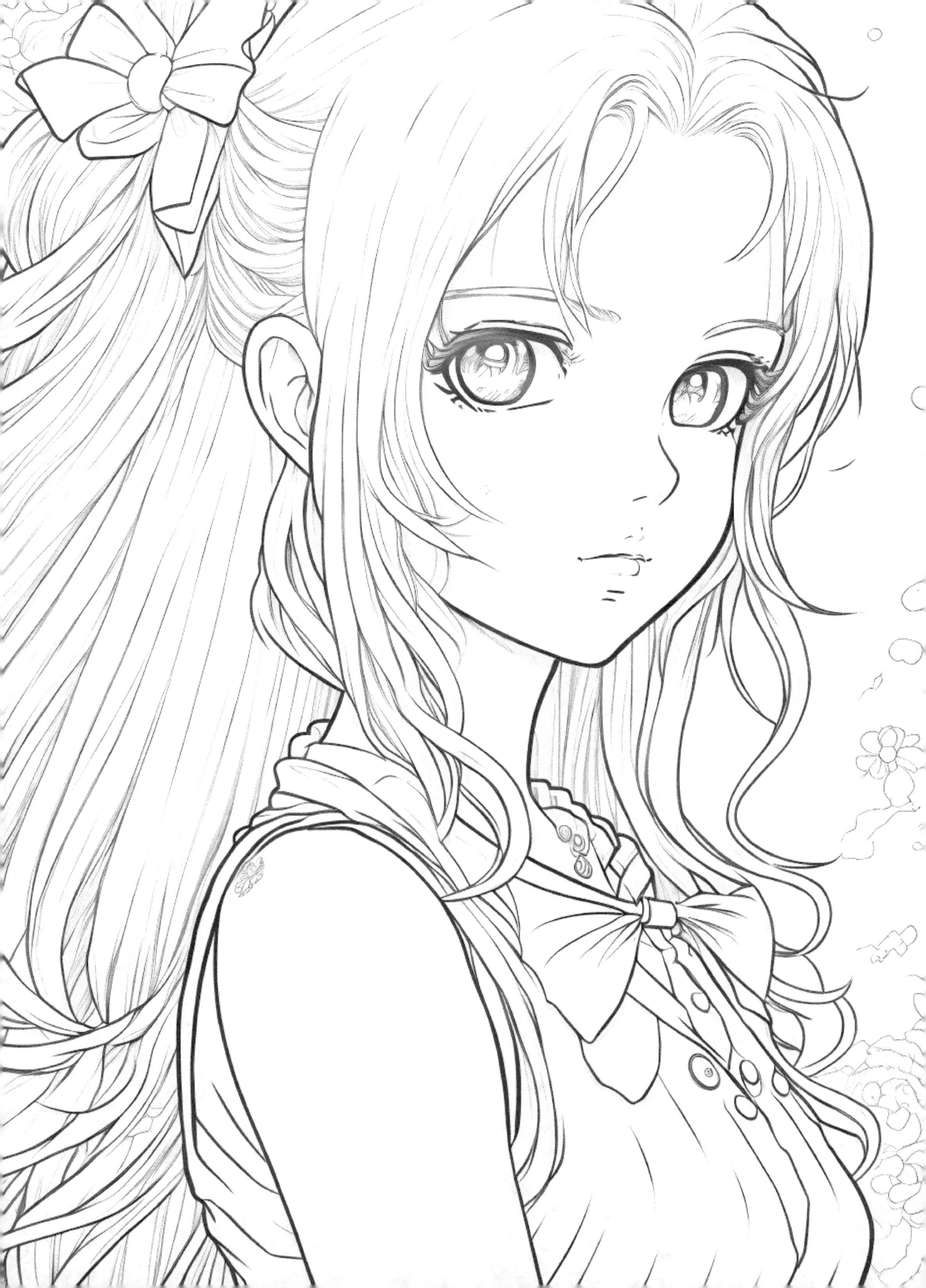

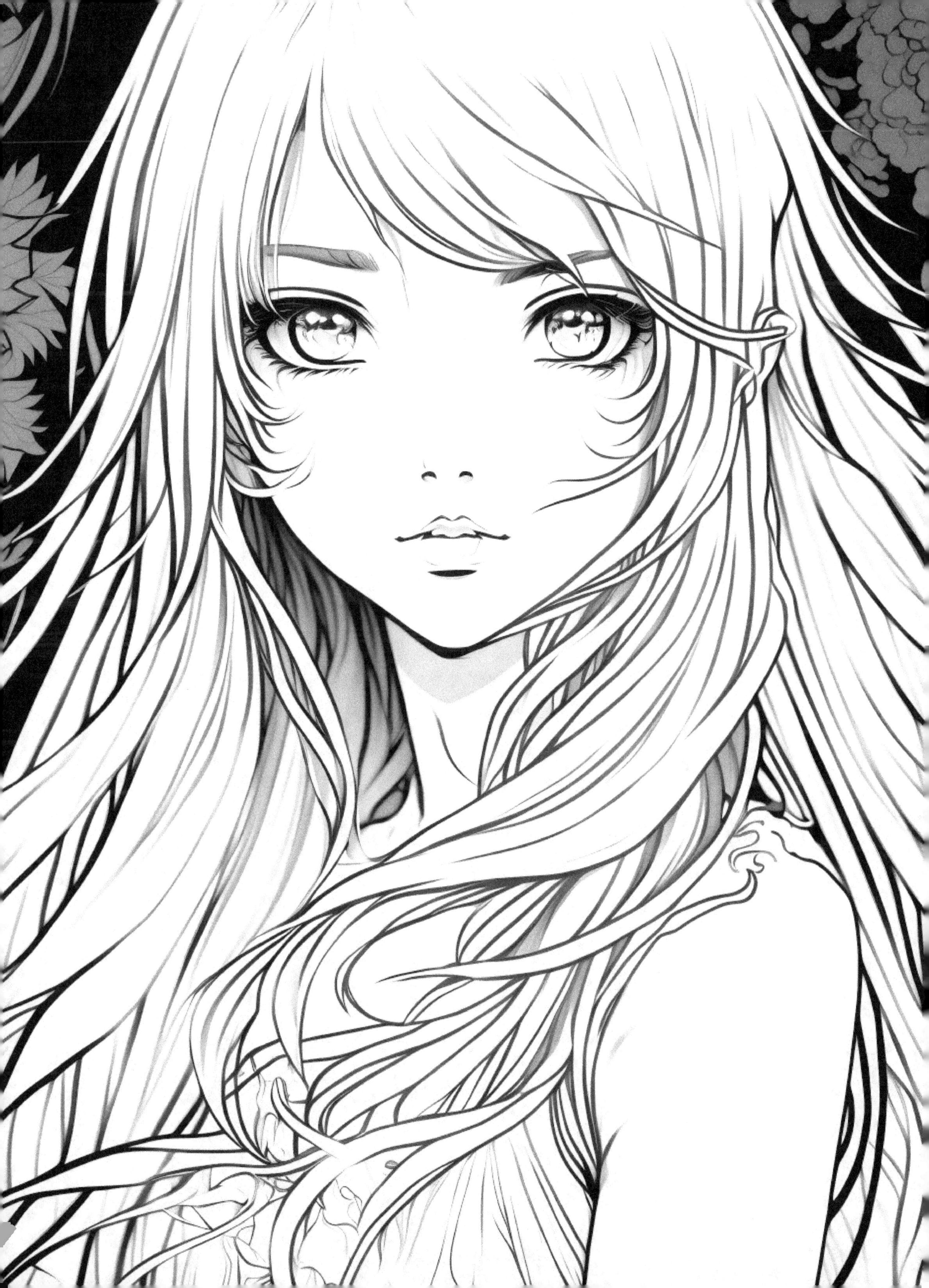

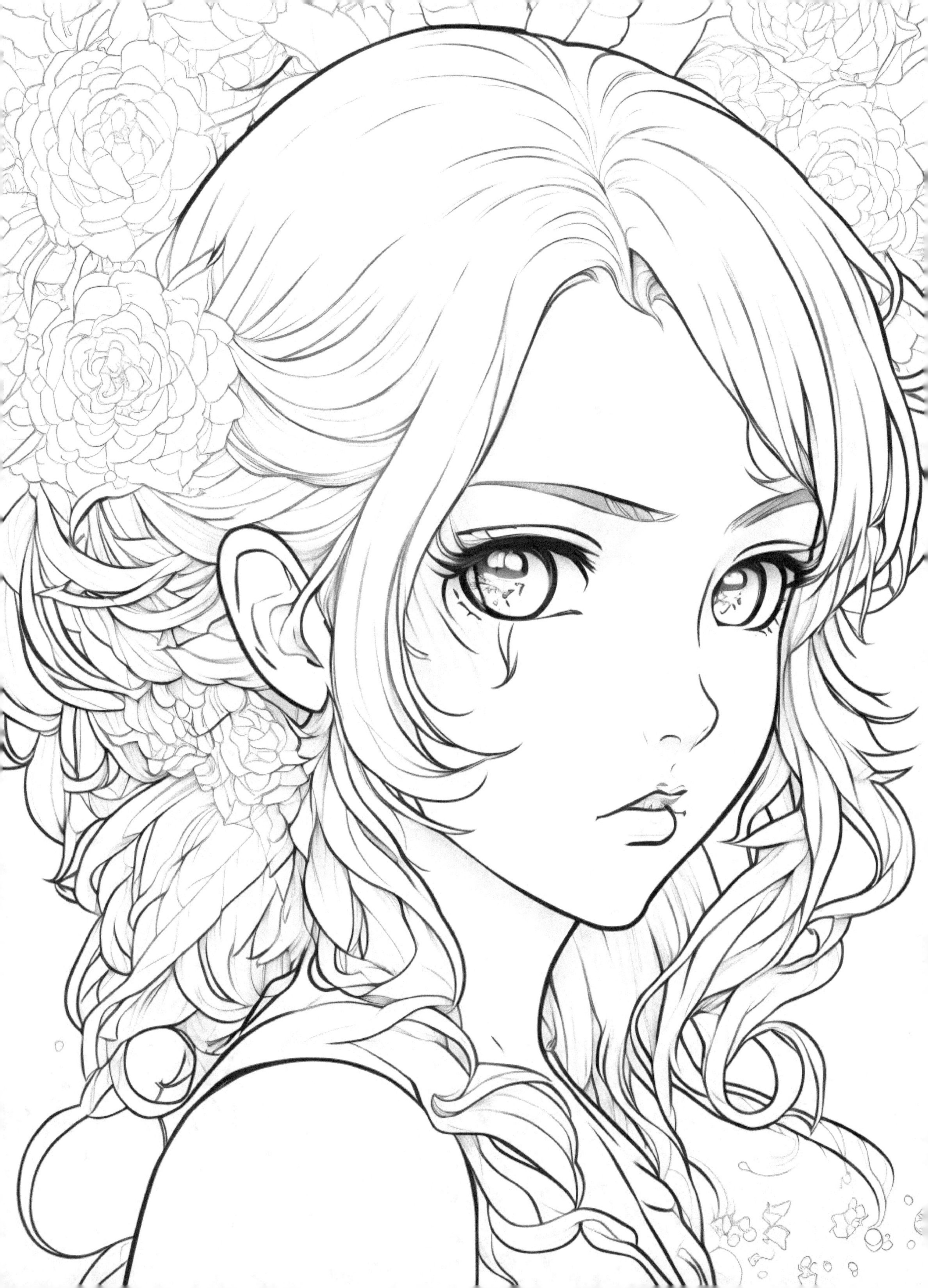

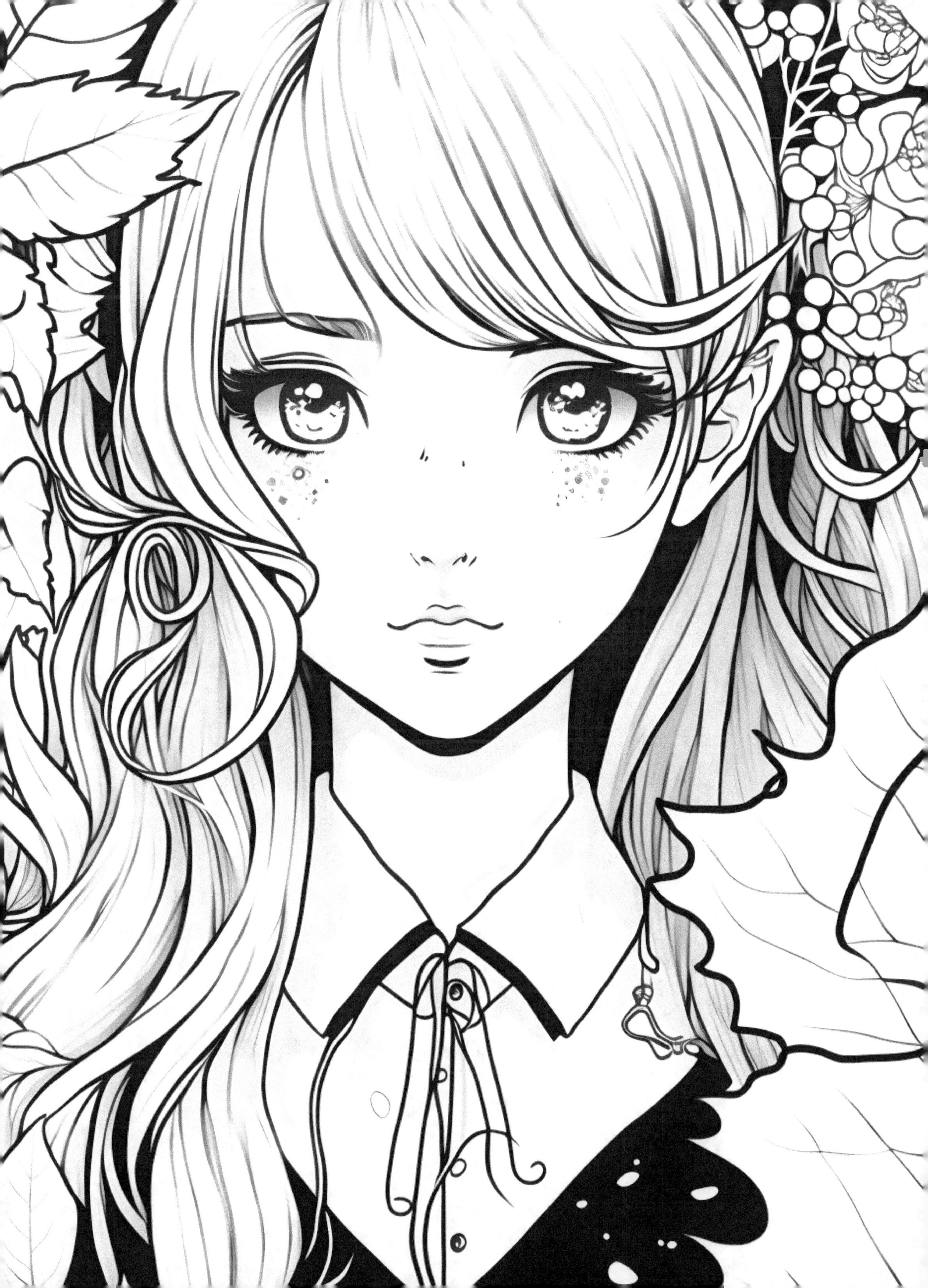

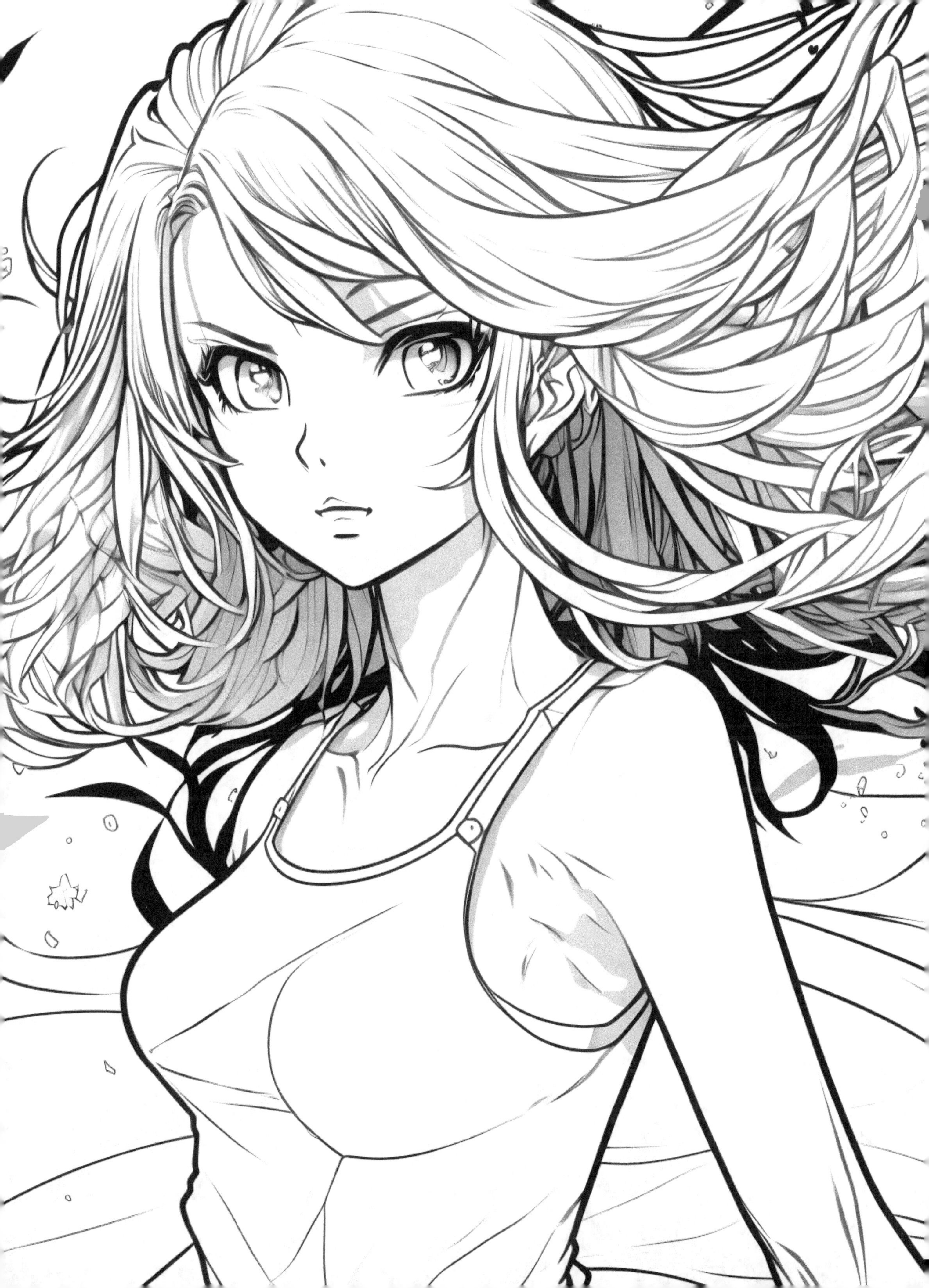

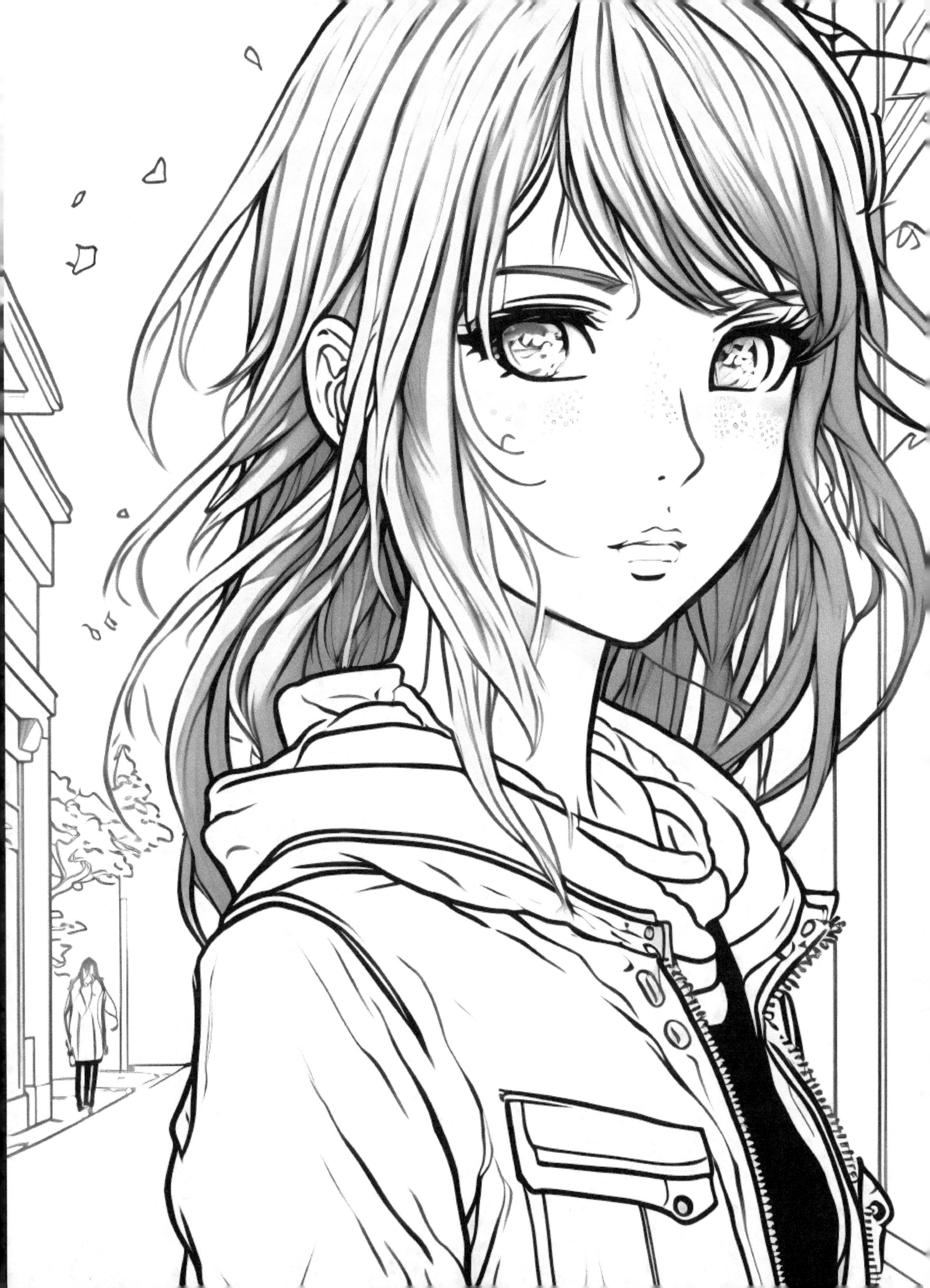

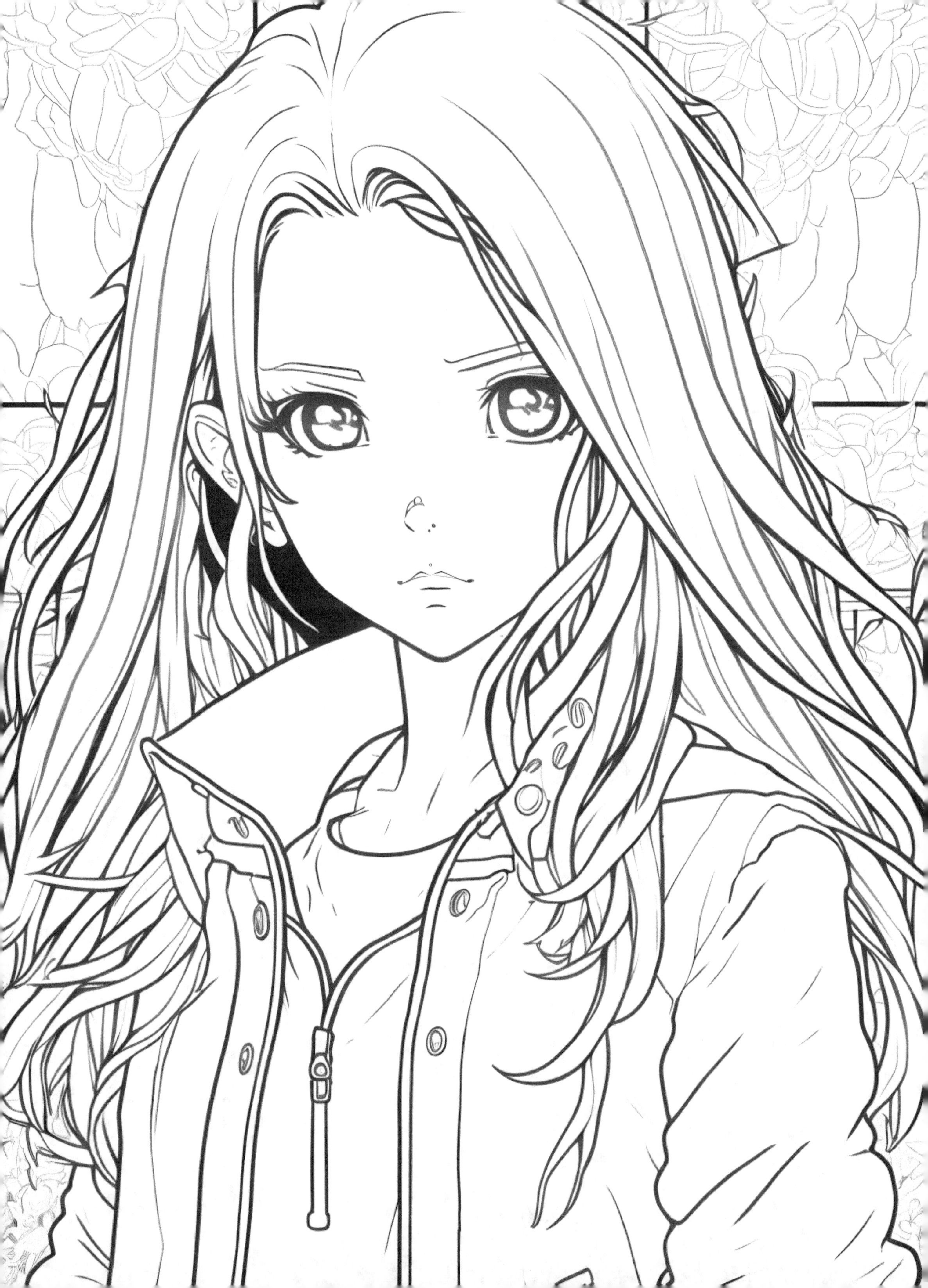

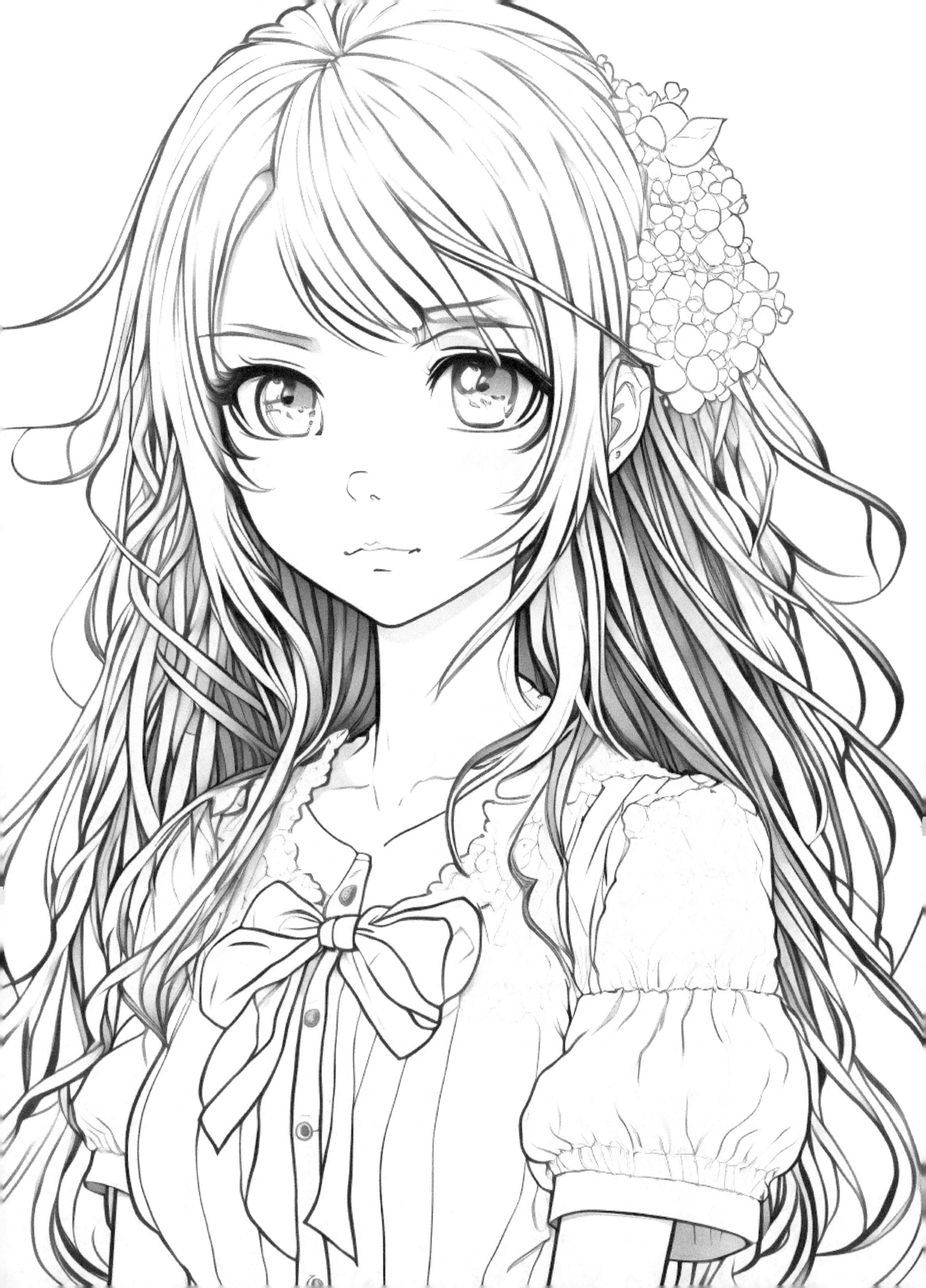

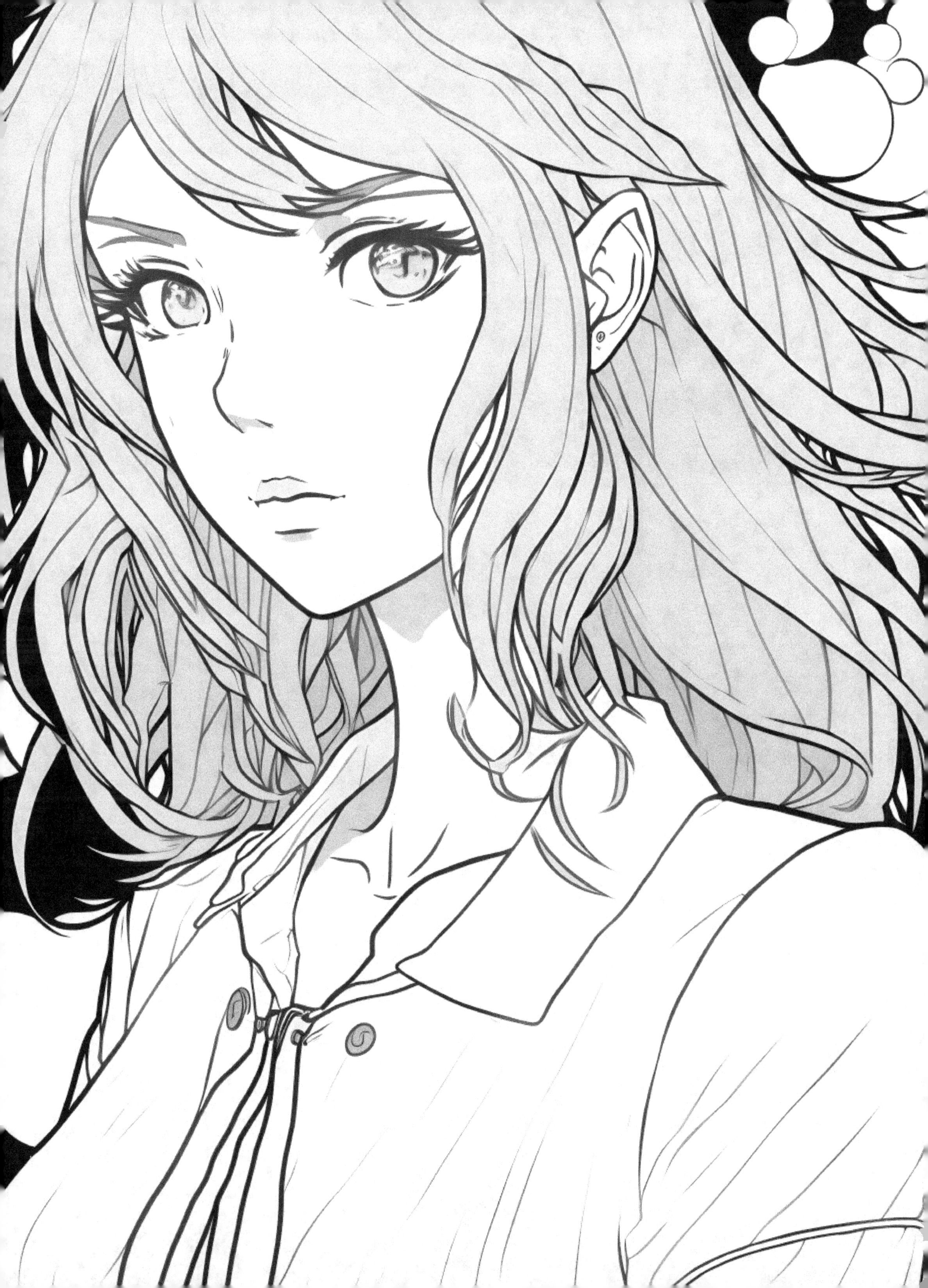

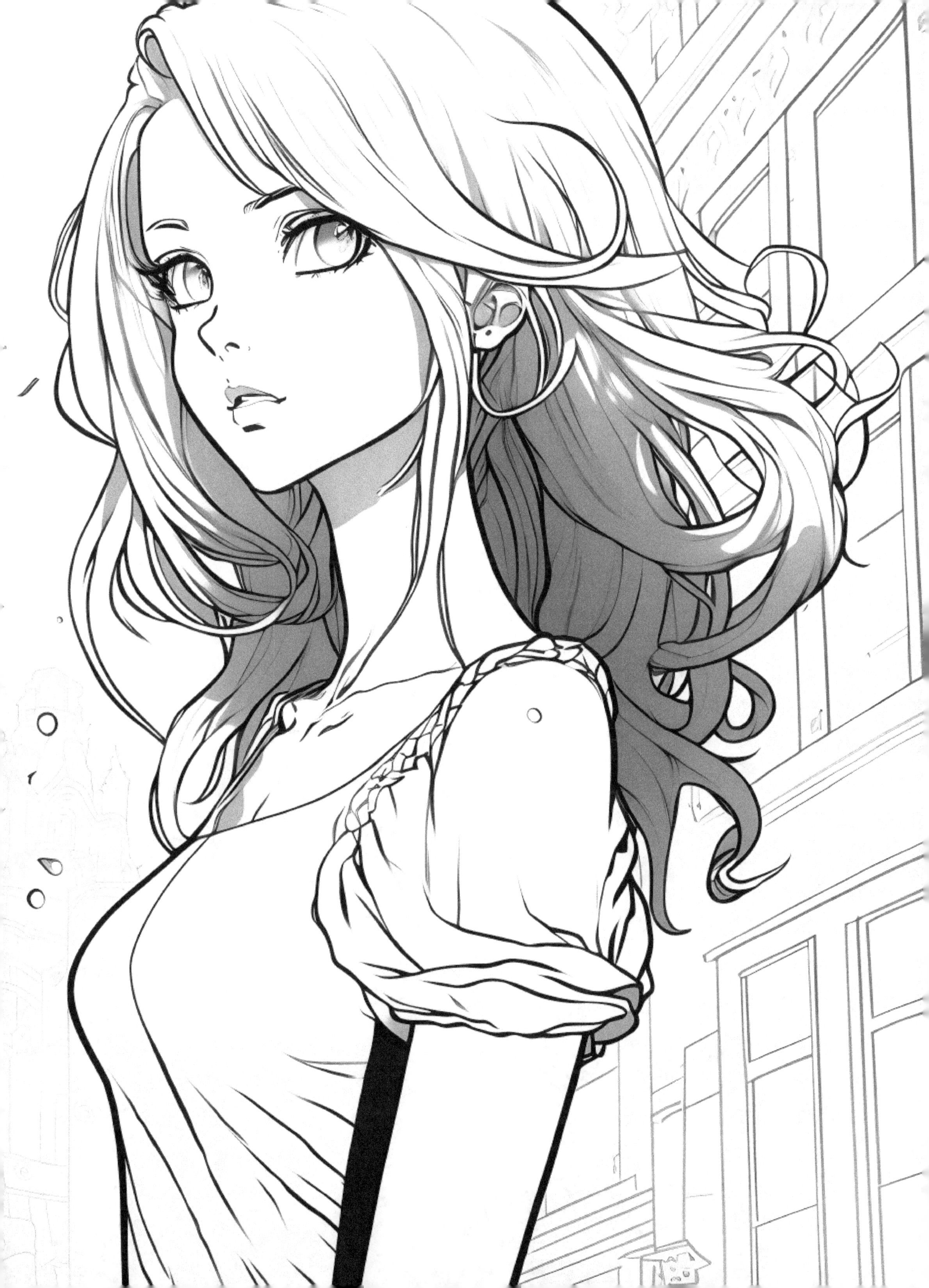

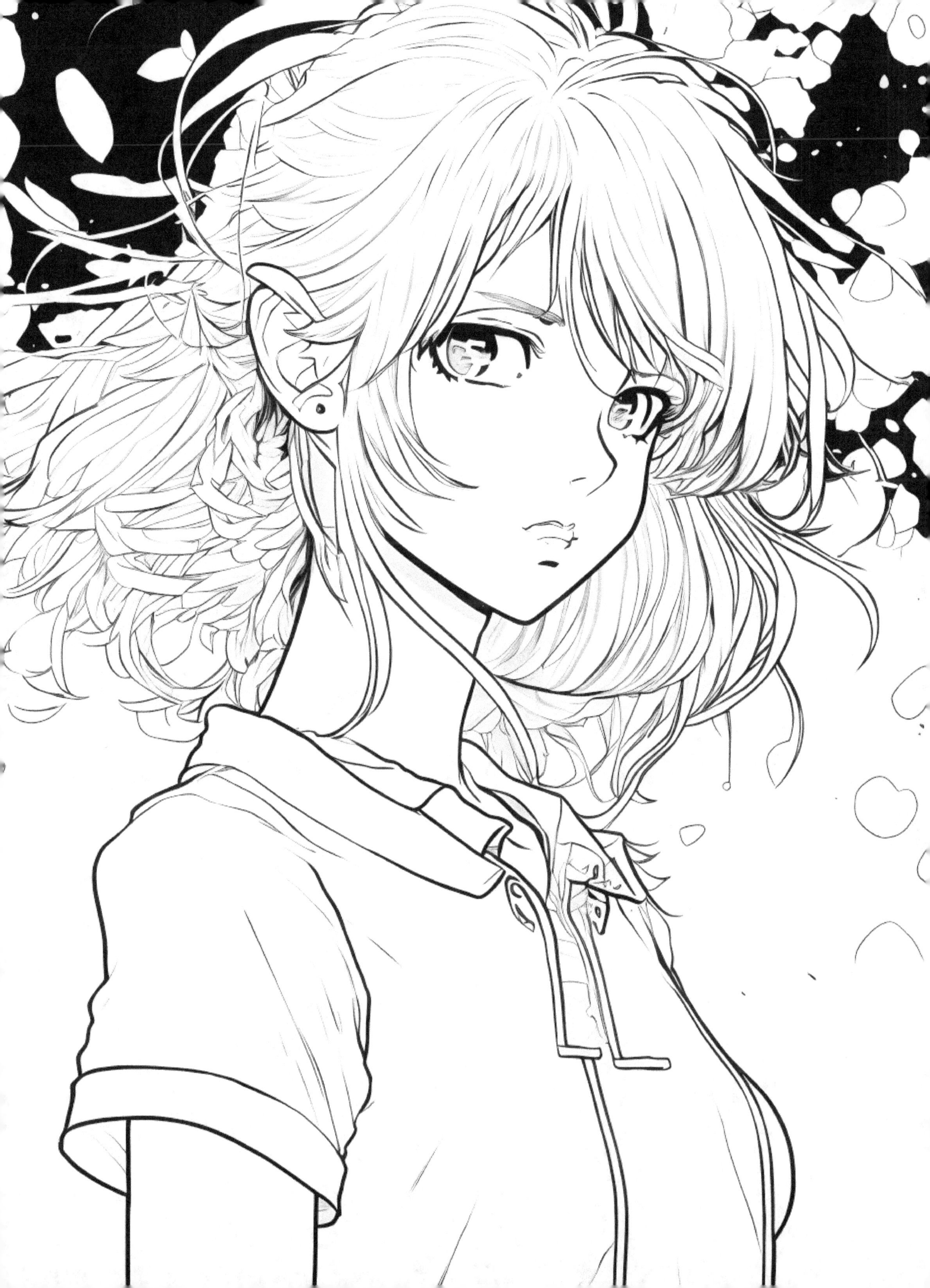

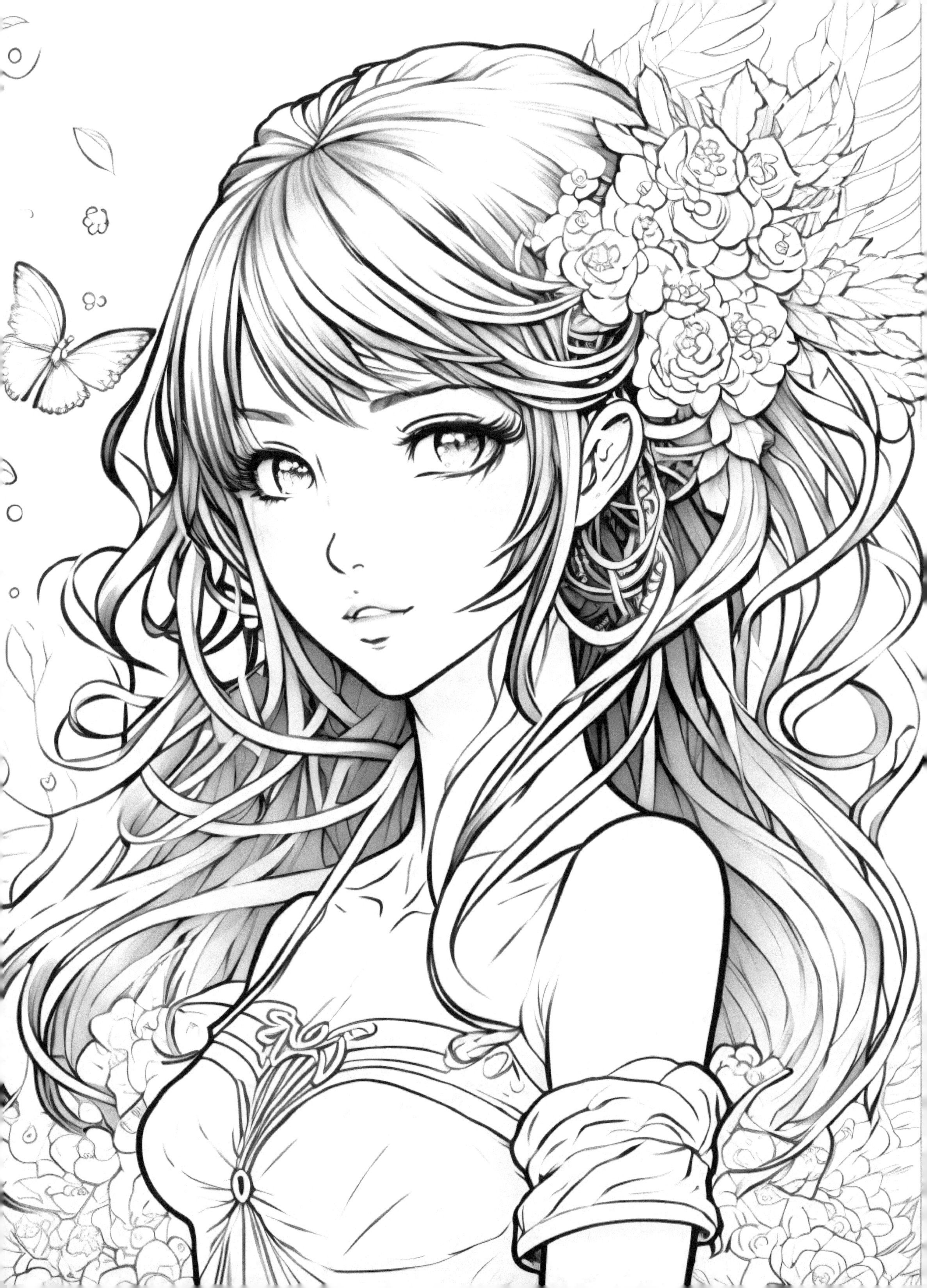

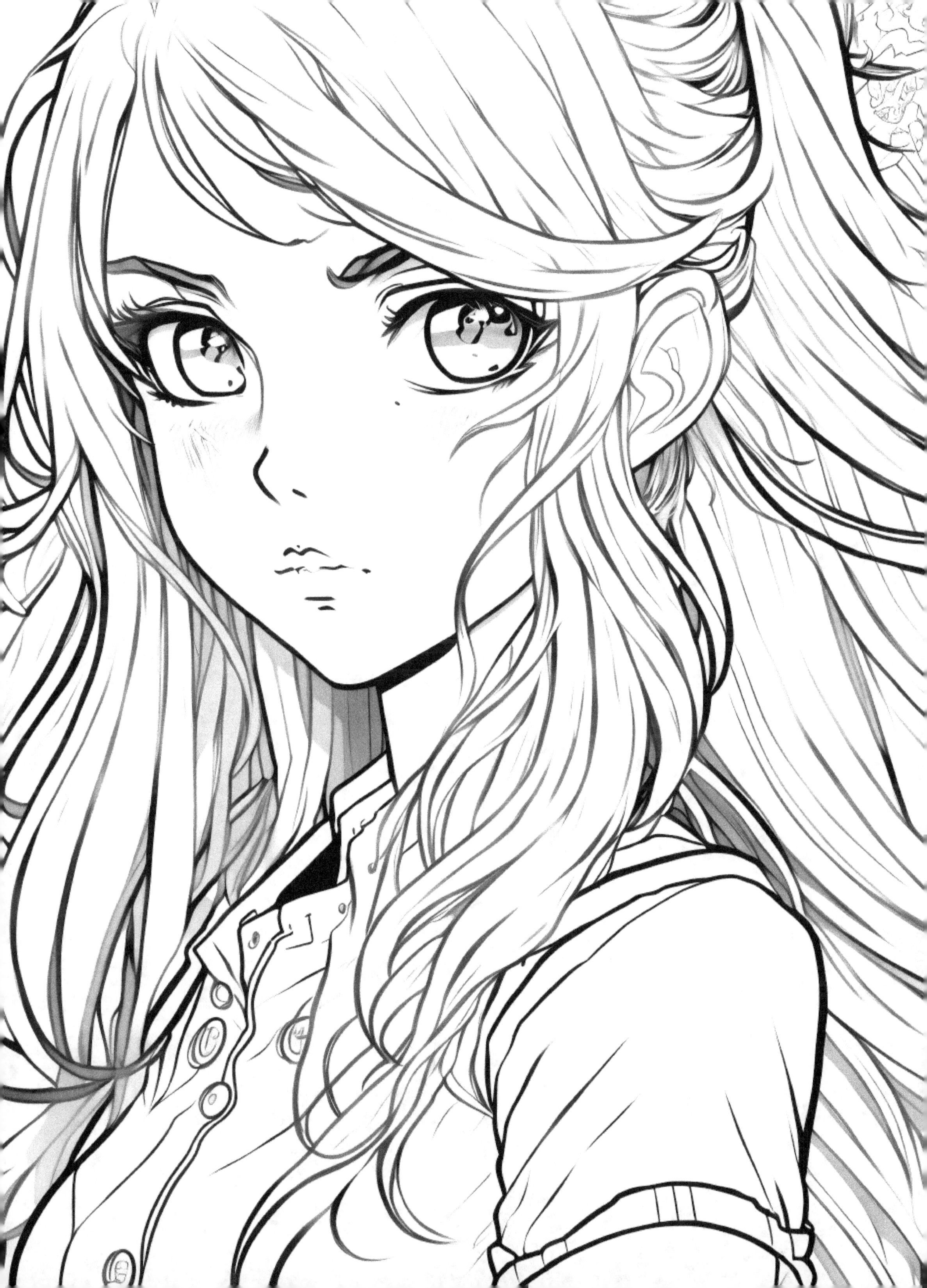

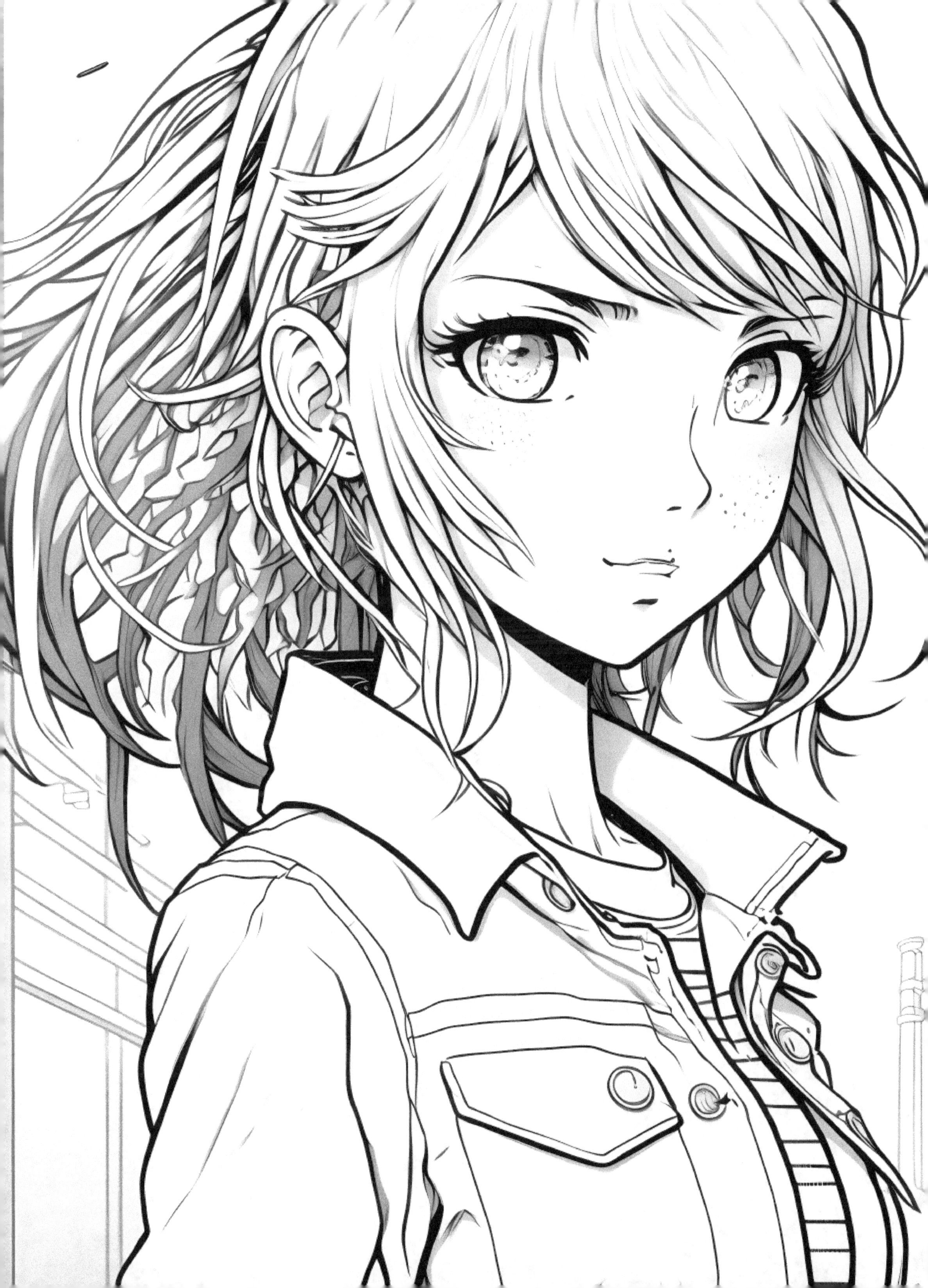

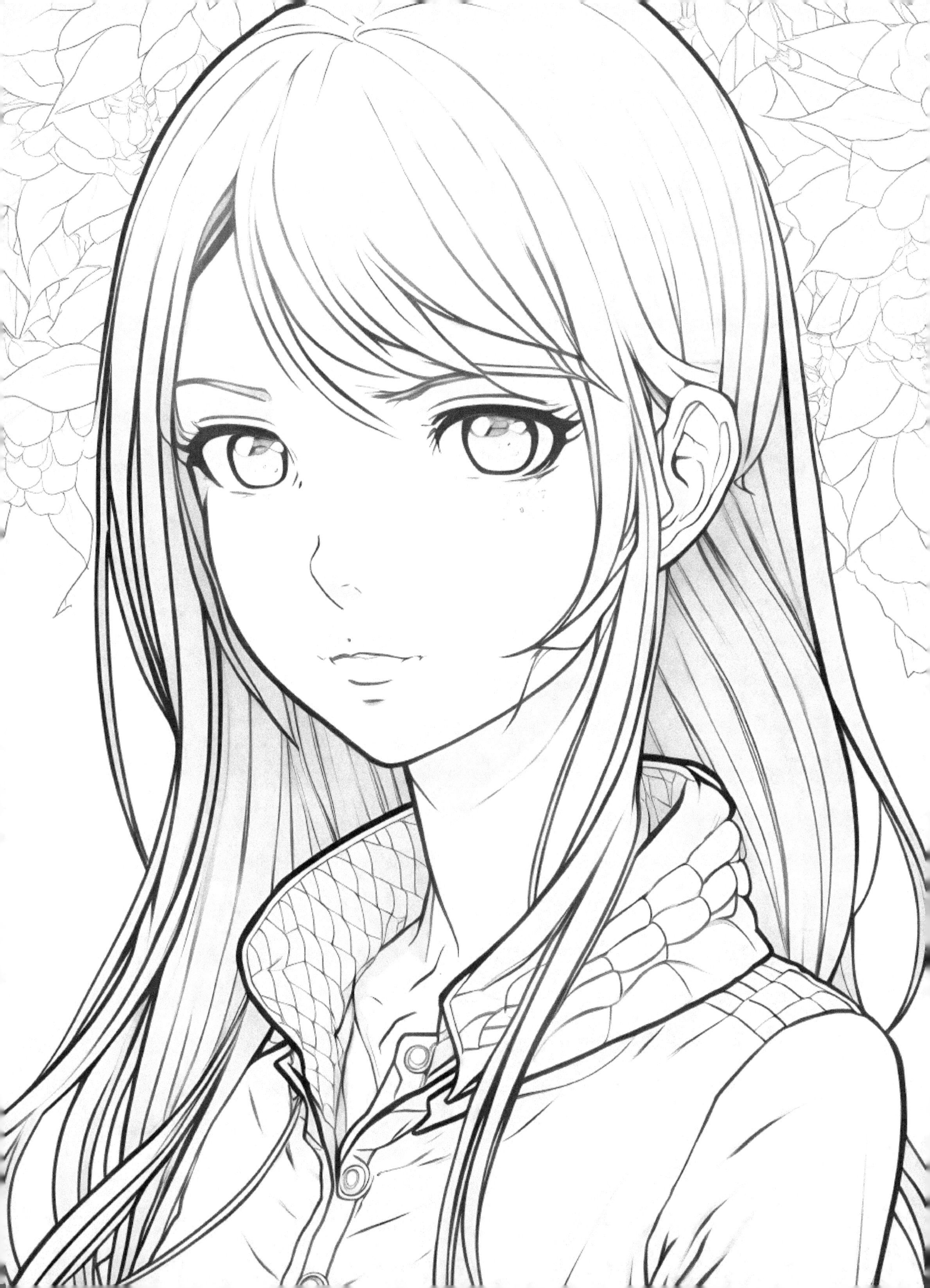

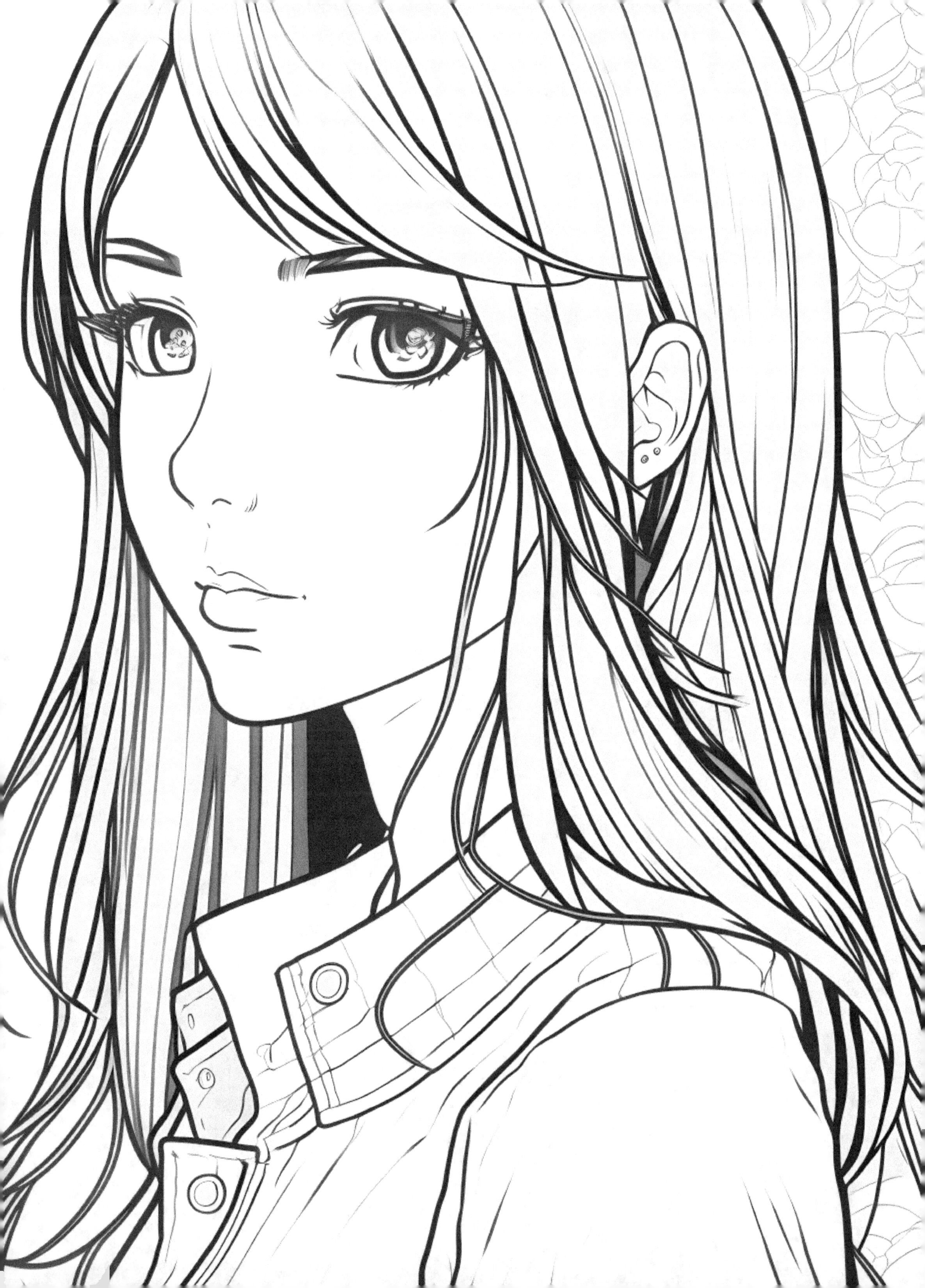

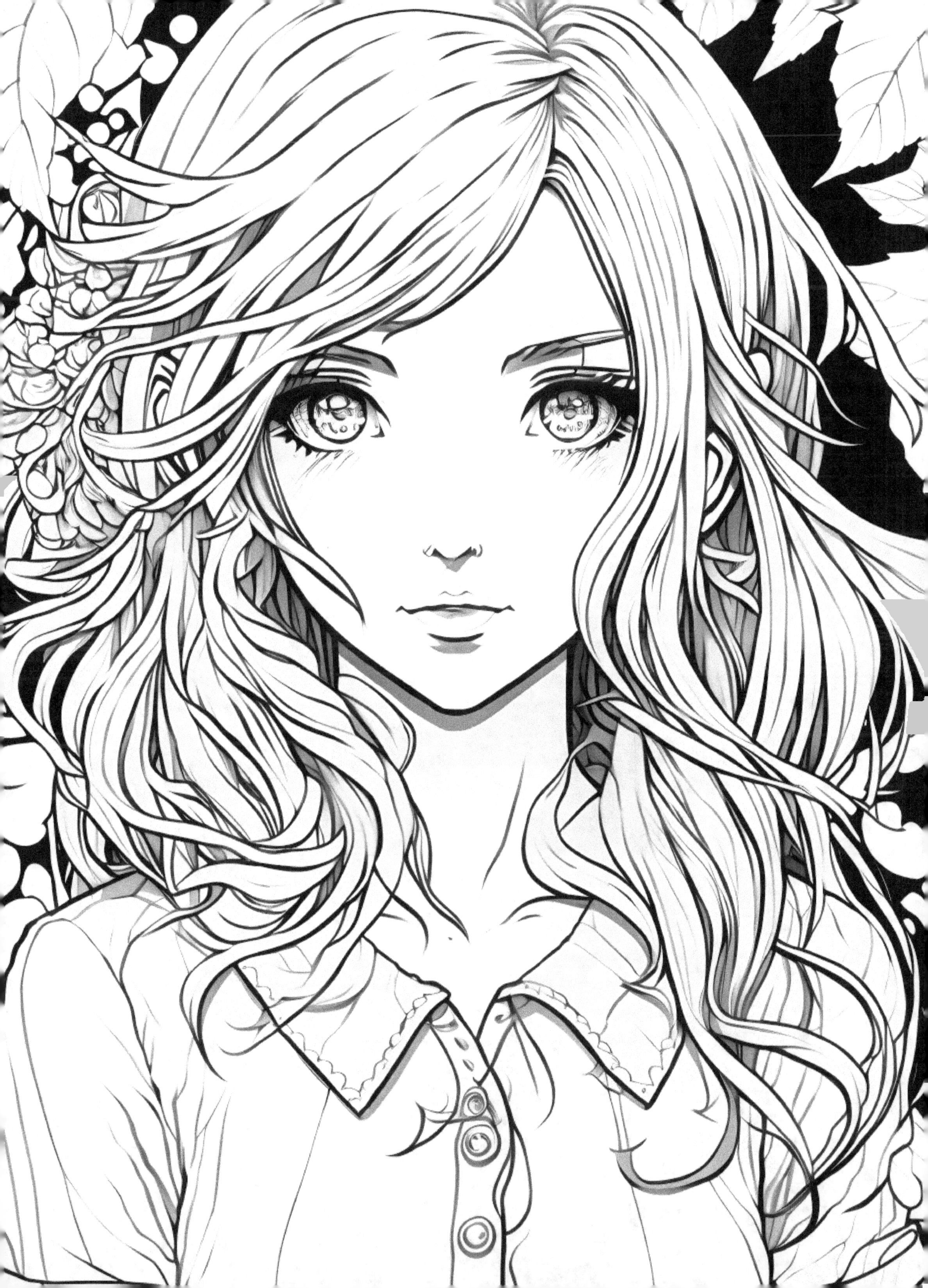

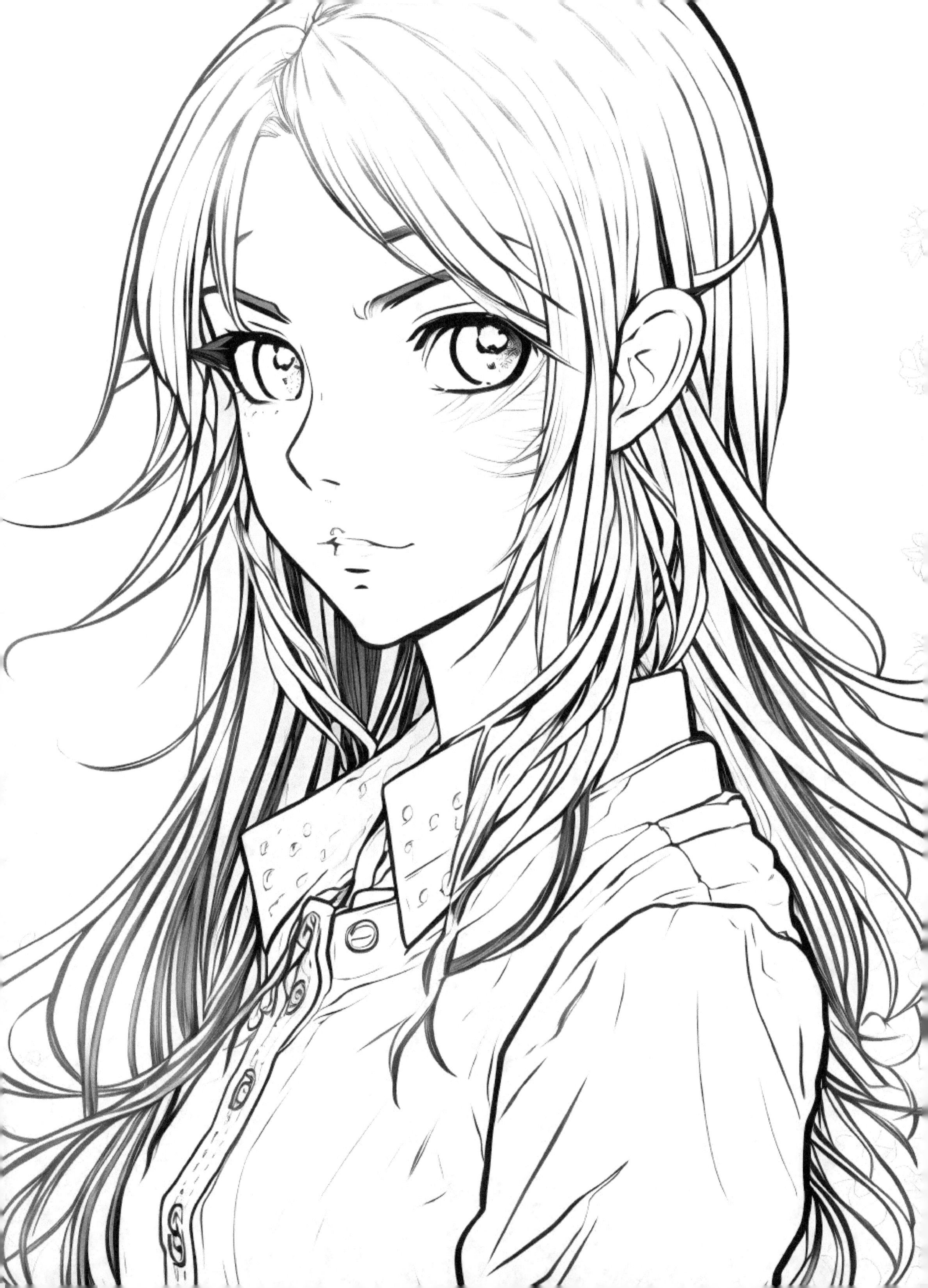

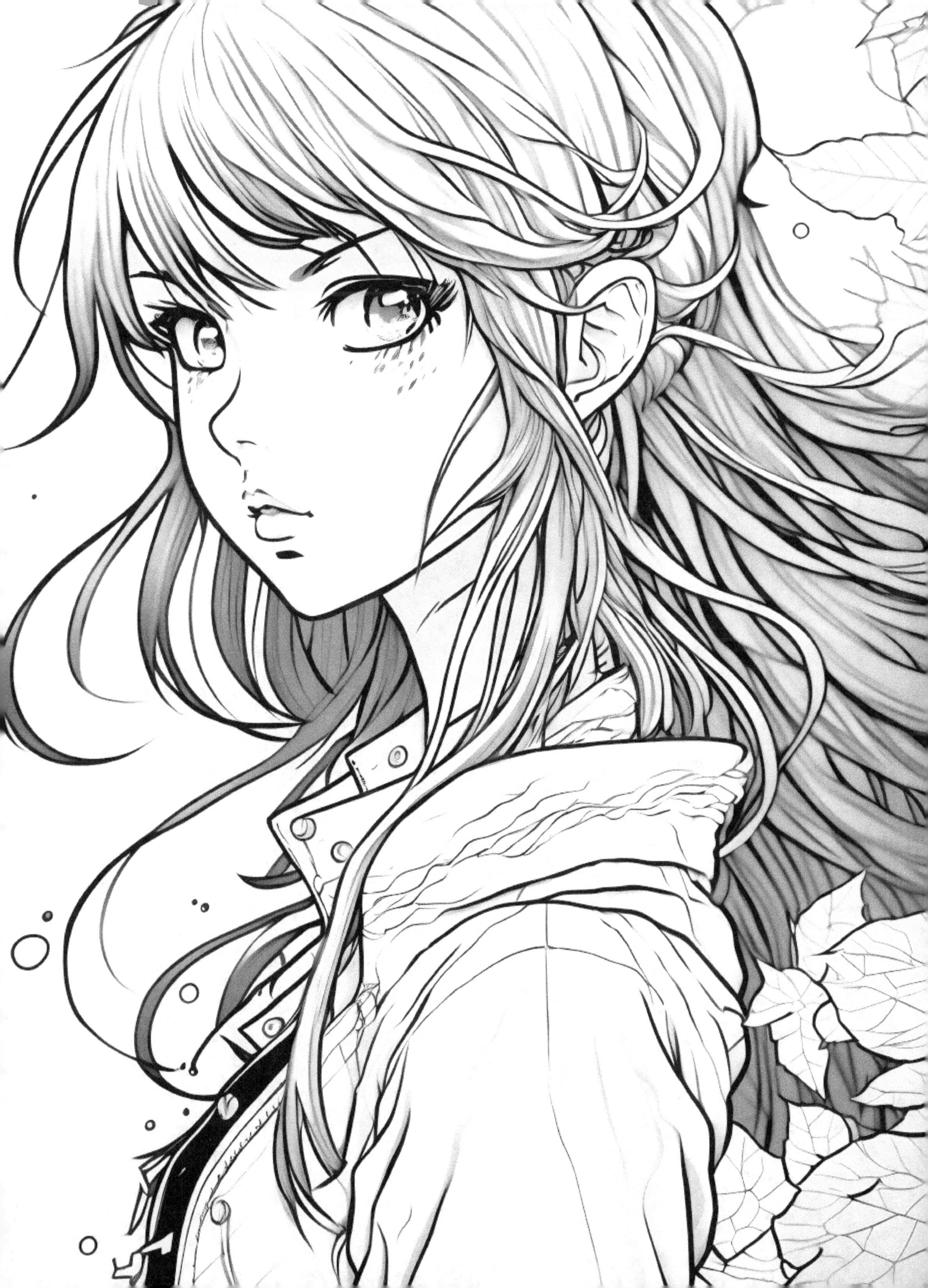

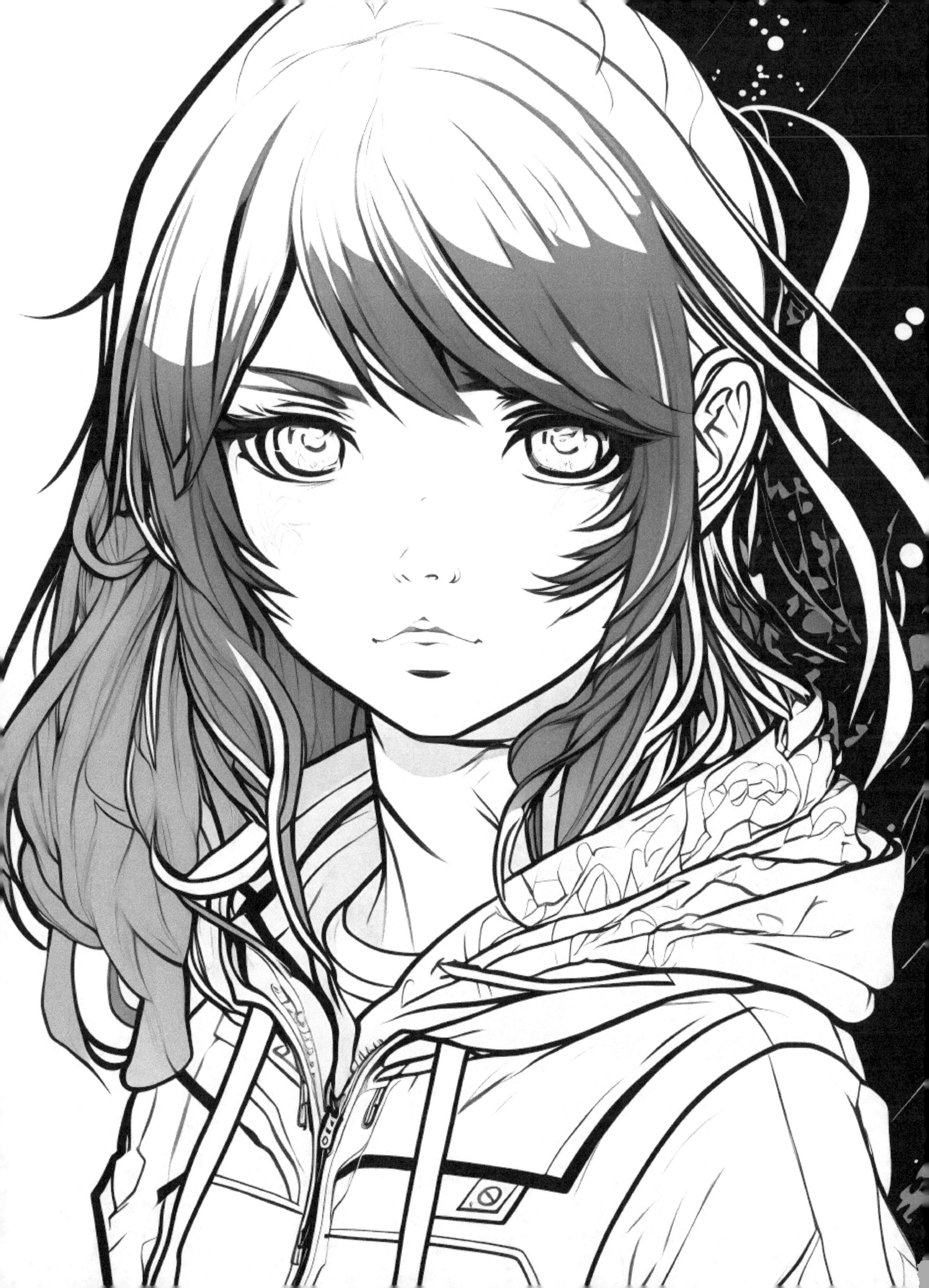

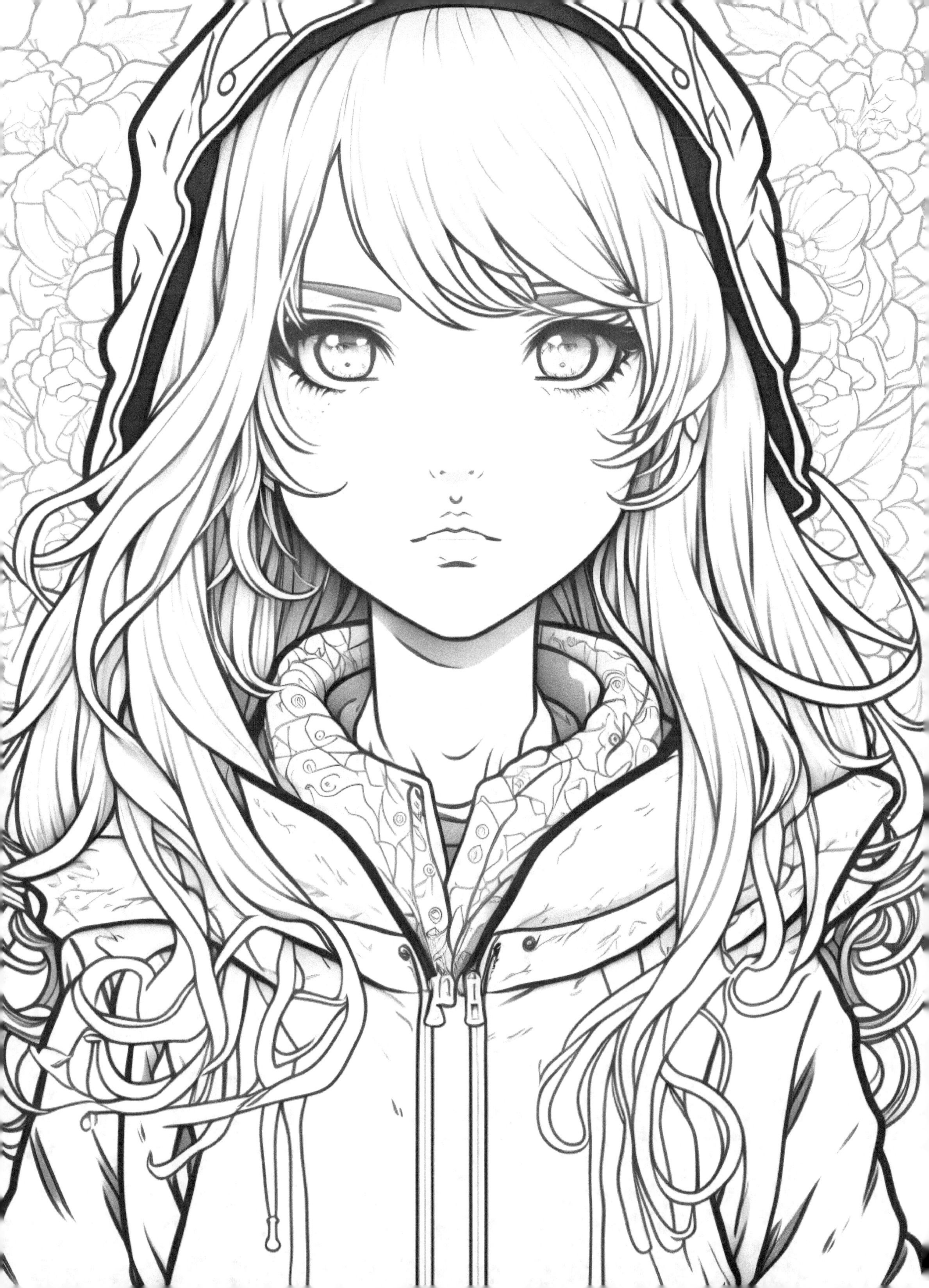

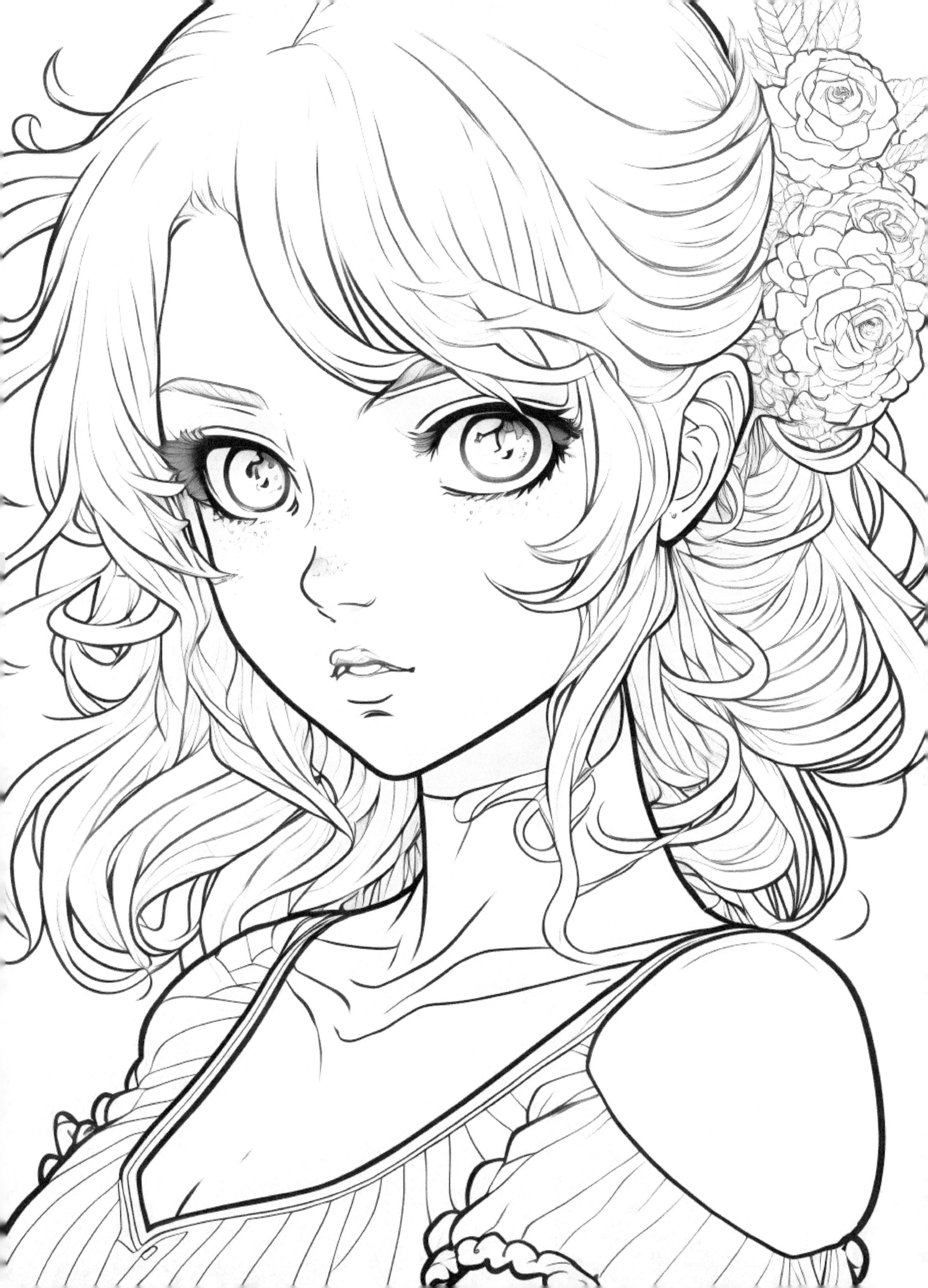

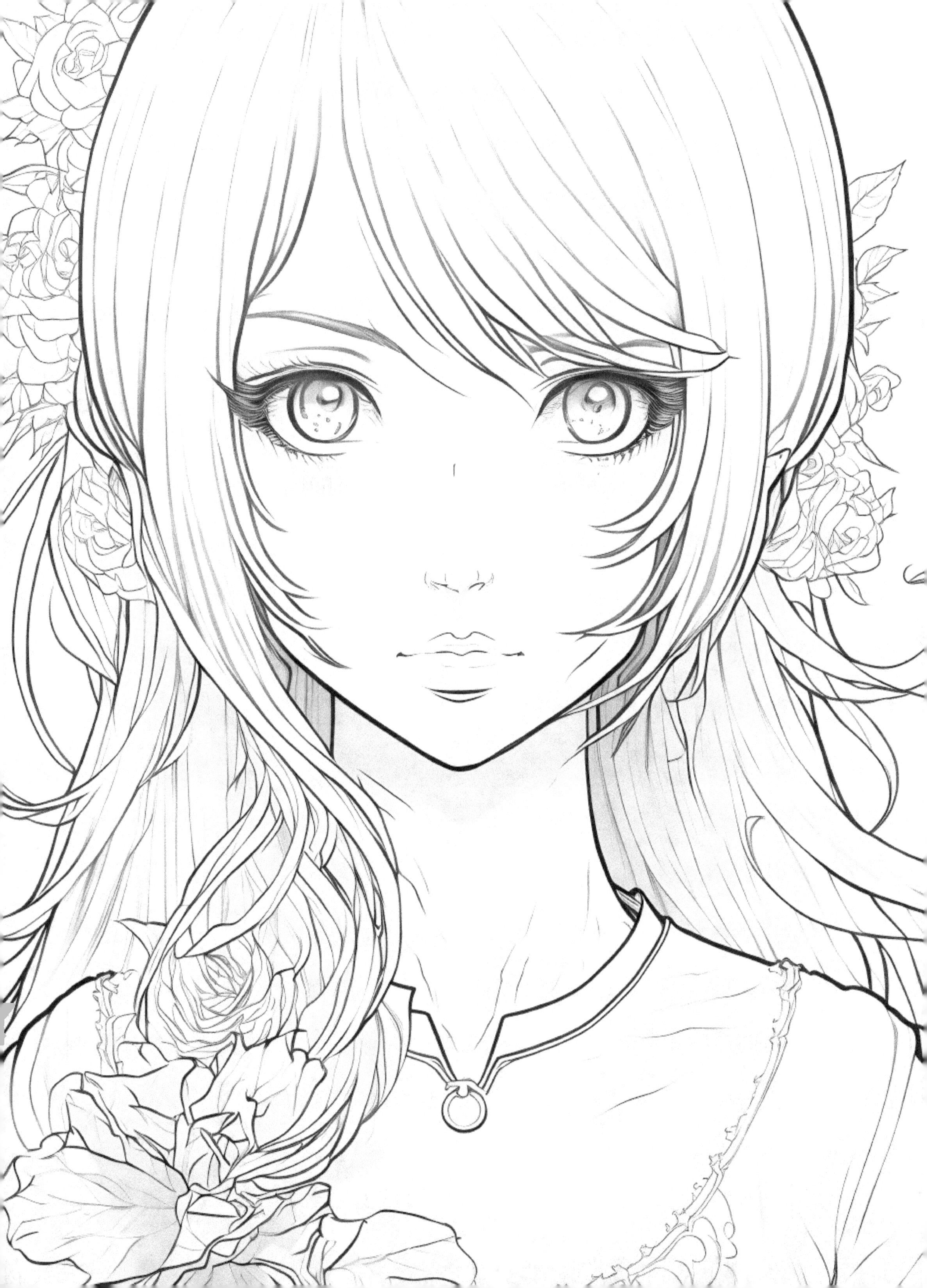

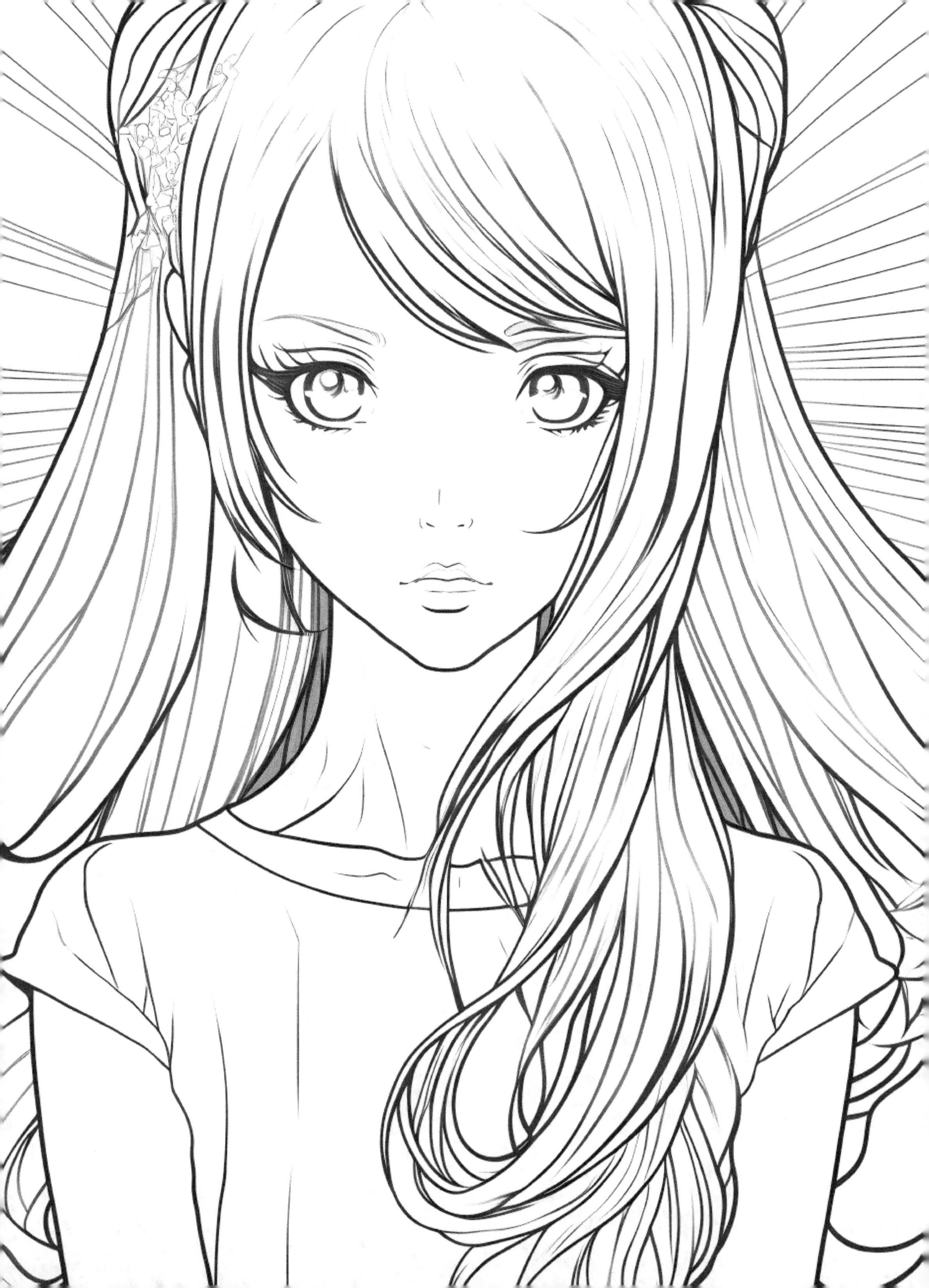

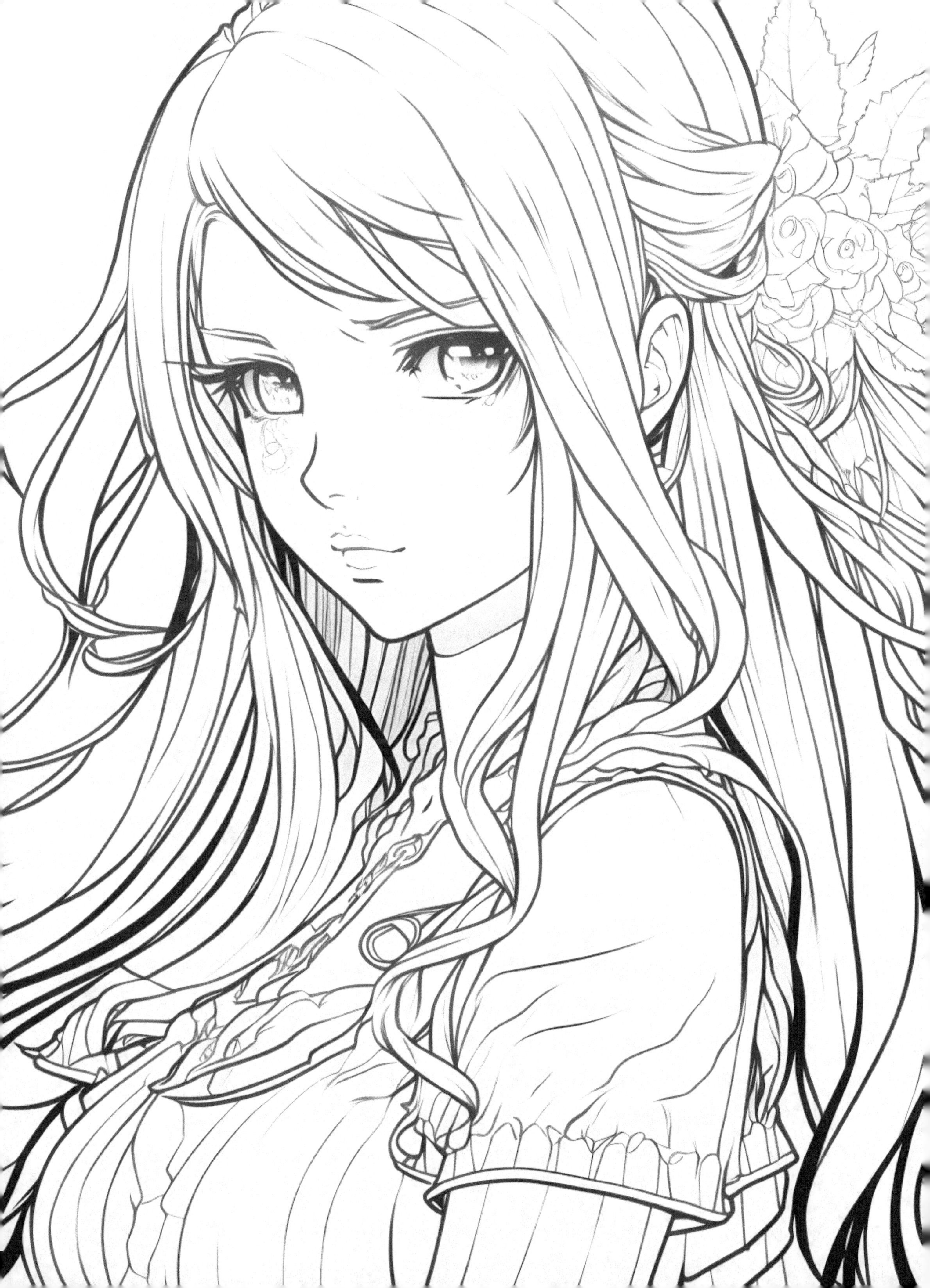

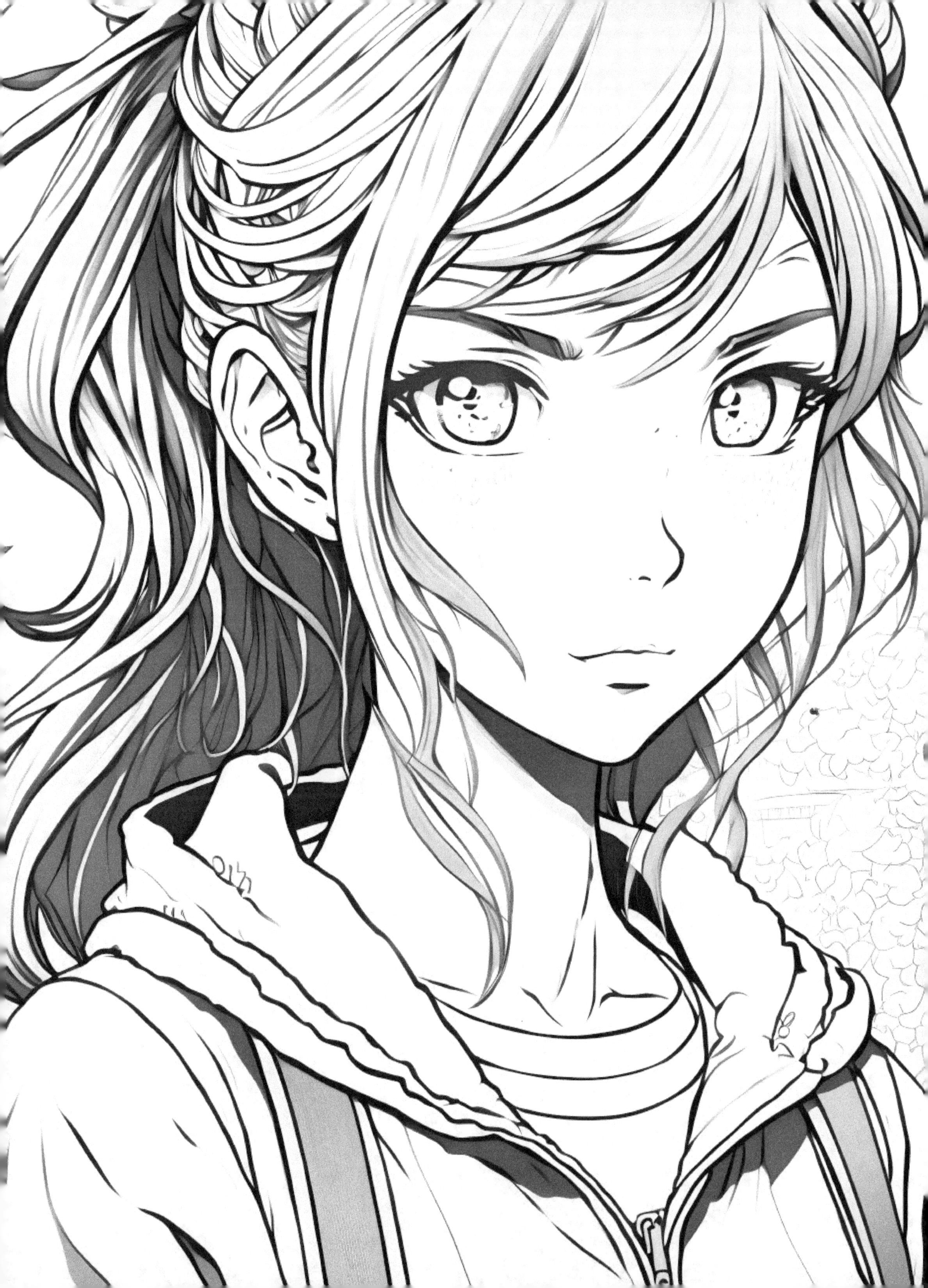

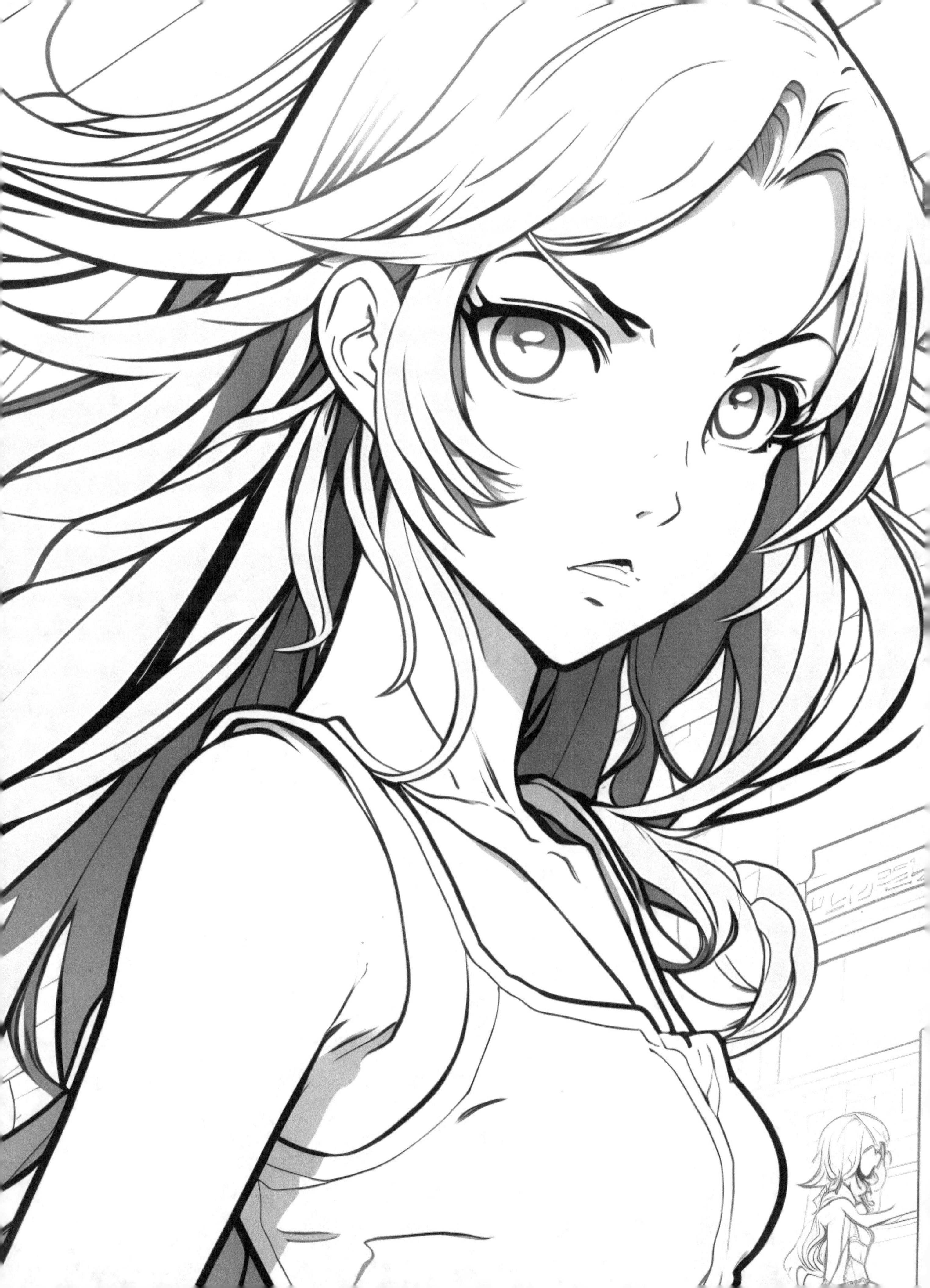

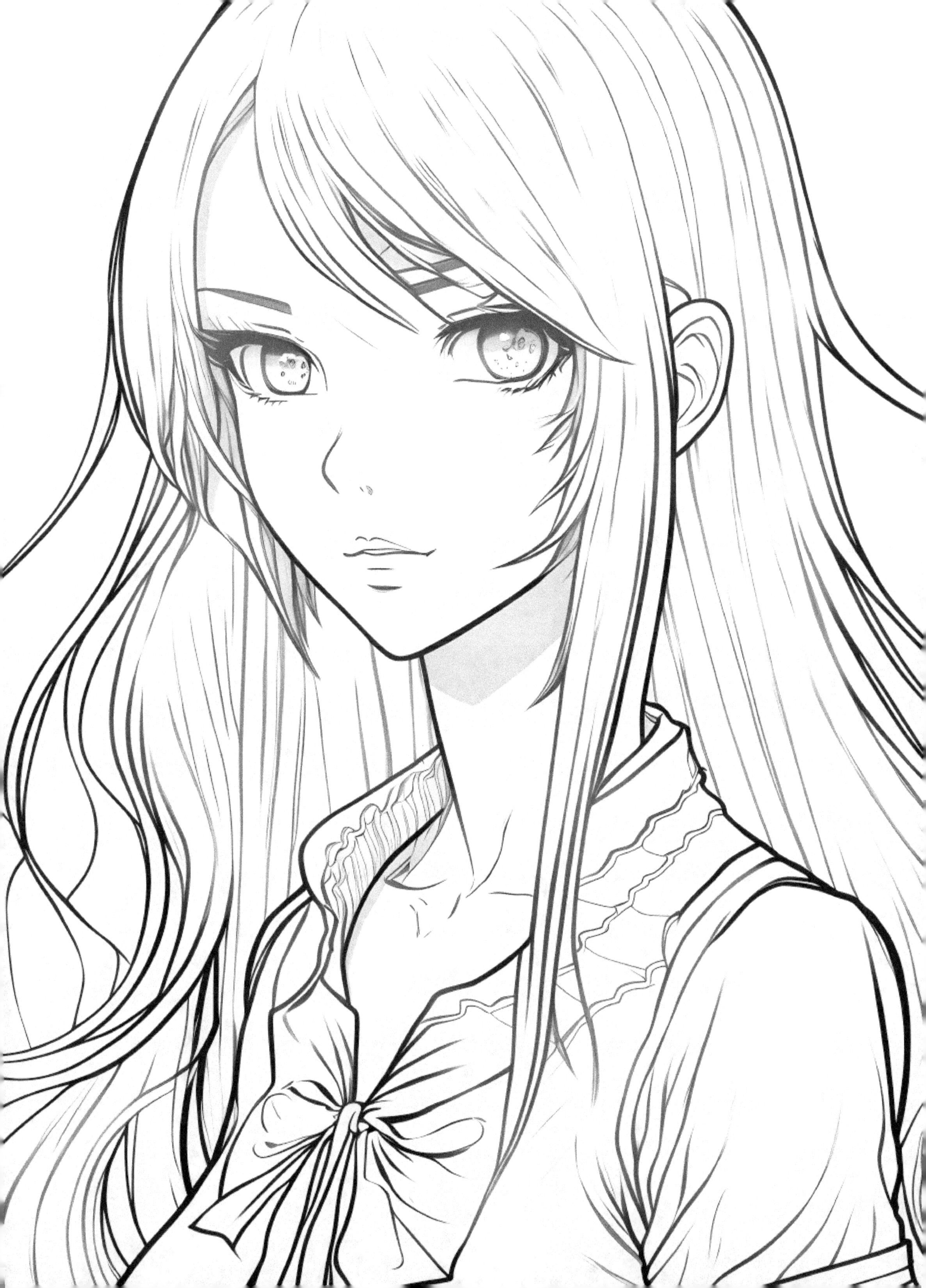

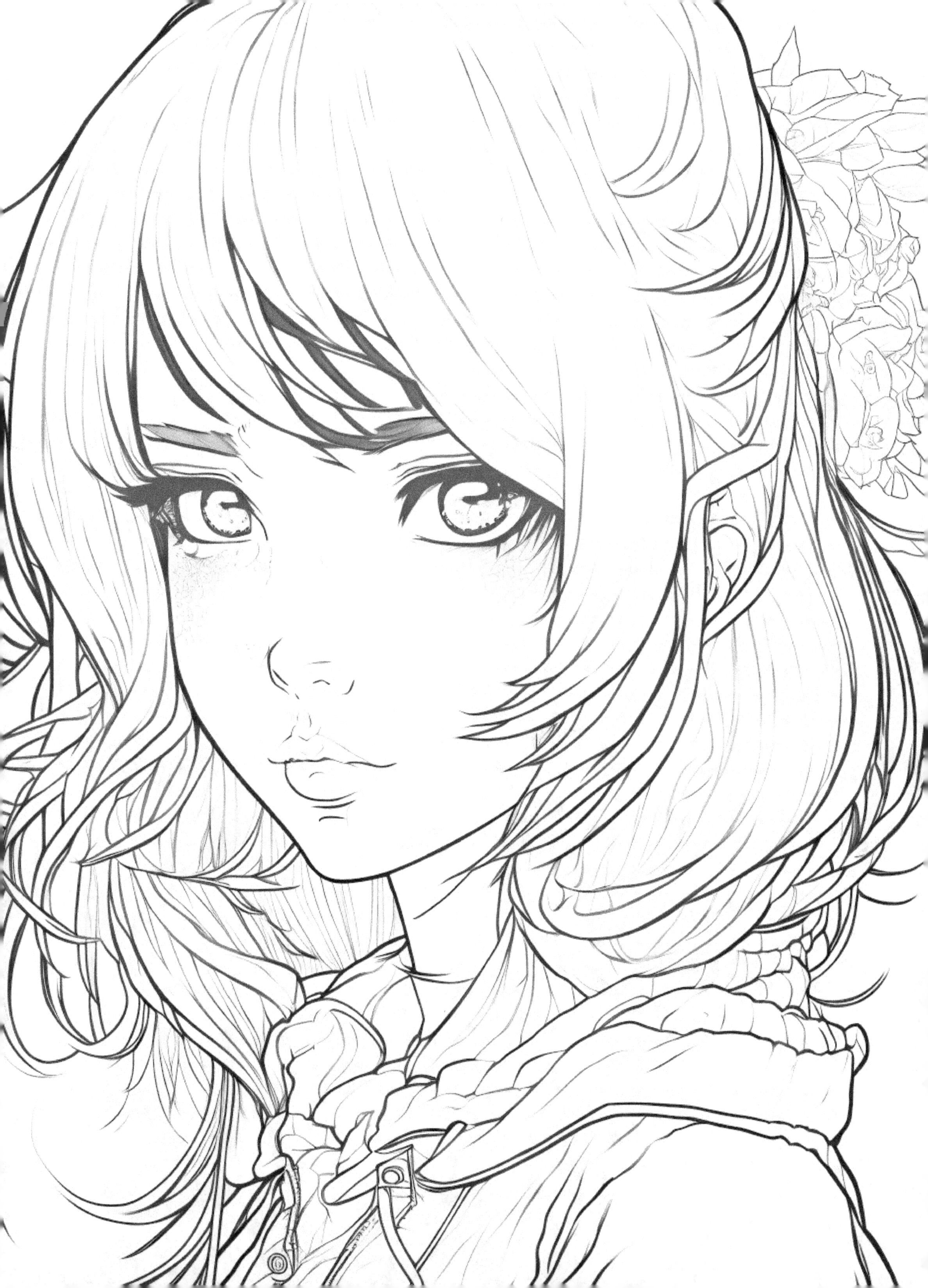

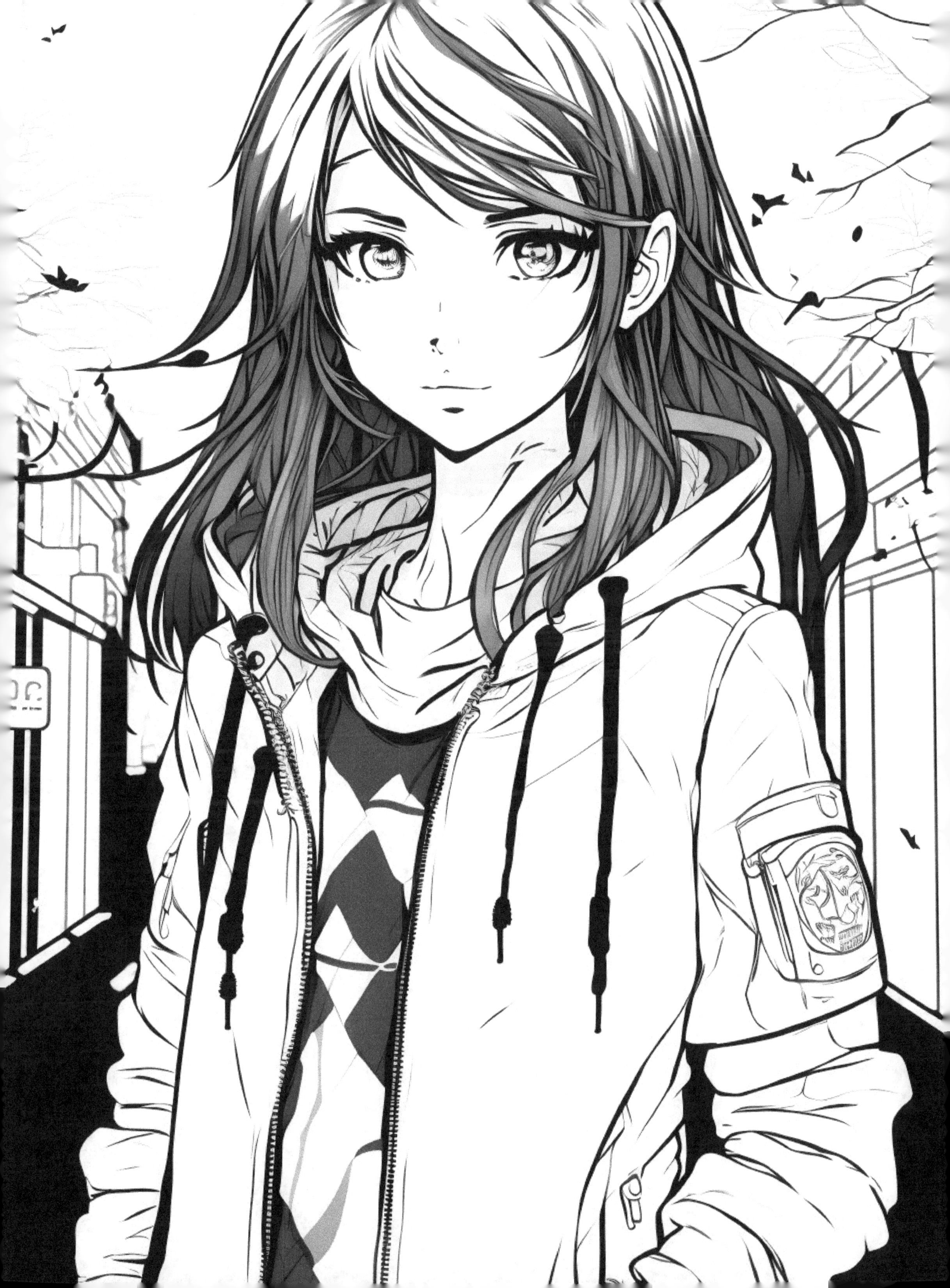

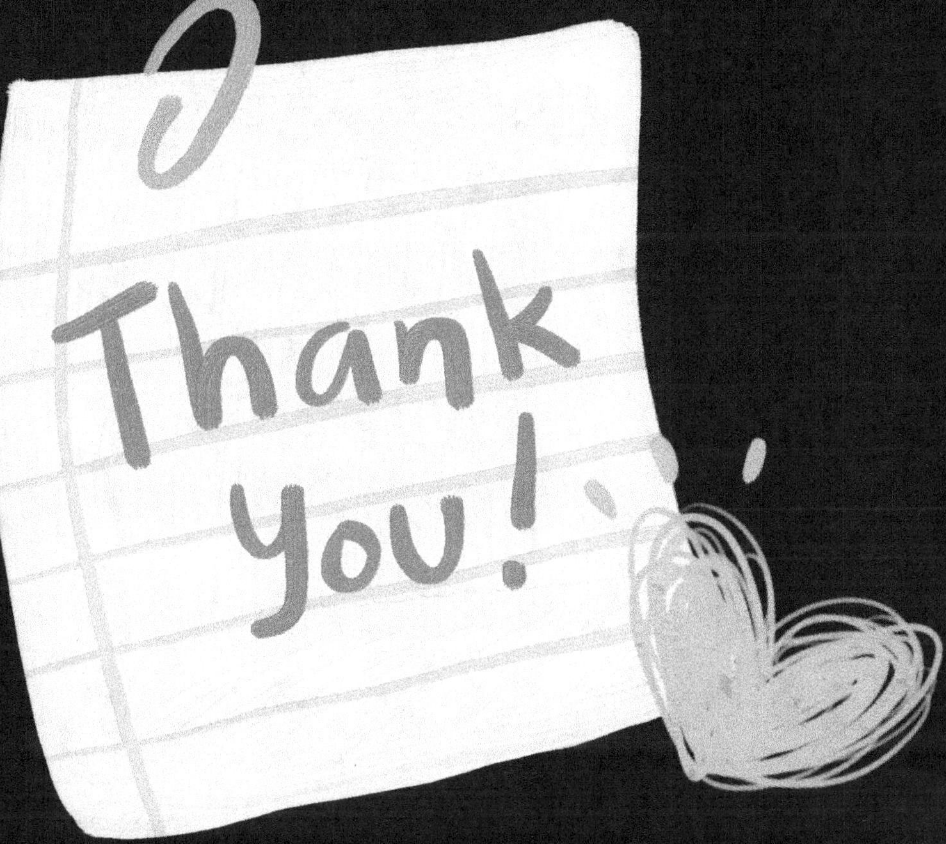

RUES DE TOKYO

CAPI CAMP
ESTUDIOS

www.ingramcontent.com/pod-product-compliance
Lightning Source LLC
Chambersburg PA
CBHW081506220526
45467CB00027B/3144
9798390029275